AF553617

अपरा

अपरा

सूर्यकांत त्रिपाठी निराला

ISBN : 978-81-267-0552-8

मूल्य : ₹ 595

सोलहवाँ संस्करण : 1992
अट्ठारहवाँ संस्करण : 2015
आवृत्ति : 2026

प्रकाशक : राजकमल प्रकाशन प्रा.लि.
1-बी, नेताजी सुभाष मार्ग, दरियागंज
नई दिल्ली-110 002
शाखाएँ : अशोक राजपथ, साइंस कॉलेज के सामने, पटना-800 006
पहली मंजिल, दरबारी बिल्डिंग, महात्मा गांधी मार्ग, प्रयागराज-211 001
1, अनमोल सोराबजी सन्तुक लेन, धोबी तलाव, मरीन लाइंस, मुम्बई-400 002
वेबसाइट : www.rajkamalprakashan.com
ई-मेल : info@rajkamalprakashan.com

मुद्रक : बी.के. ऑफसेट
नवीन शाहदरा, दिल्ली-110 032

APARA
Poems by Suryakant Tripathi 'Nirala'

निर्देशिका

भारती-वन्दना

गीत

भारति, जय विजयकरे !
कनक-शस्य-कमलधरे !

लंका पदतल शतदल
गर्जितोर्मि सागर - जल
धोता शुचि चरण युगल
स्तव कर बहु - अर्थ - भरे ।

तरु-तृण-वन-लता-वसन,
अञ्चल में खचित सुमन,
गंगा ज्योतिर्जल - कण
धवल-धार हार गले ।

मुकुट शुभ्र हिम - तुषार,
प्राण प्रणव ओंकार,
ध्वनित दिशाएँ उदार,
शतमुख - शतरव - मुखरे !

1928 ई.

बादल राग

तिरती है समीर-सागर पर
अस्थिर सुख पर दुख की छाया—
जग के दग्ध हृदय पर
निर्दय विप्लव की प्लावित माया—
यह तेरी रण-तरी,
भरी आकांक्षाओं से,
घन, भेरी-गर्जन से सजग सुप्त अंकुर
उर में पृथ्वी के, आशाओं से
नव जीवन की, ऊँचा कर सिर,
ताक रहे हैं, ऐ विप्लव के बादल !
फिर फिर
बार-बार गर्जन,
वर्षण है मूसलधार,
हृदय थाम लेता संसार,
सुन-सुन घोर वज्र-हुंकार ।
अशनि-पात से शायित उन्नत शत-शत वीर,
क्षत-विक्षत हत अचल-शरीर,
गगनस्पर्शी स्पर्द्धा-धीर ।
हँसते हैं छोटे पौधे लघु-भार—
शस्य अपार,
हिल-हिल,
खिल-खिल,
हाथ हिलाते,
तुझे बुलाते,
विप्लव-रव से छोटे ही हैं शोभा पाते ।

अट्टालिका नहीं है रे
आतंक-भवन,
सदा पंक पर ही होता
जल विप्लव-प्लावन
क्षुद्र प्रफुल्ल जलज से सदा छलकता नीर,
रोग-शोक में भी हँसता है
शैशव का सुकुमार शरीर।
रुद्ध कोश, है क्षुब्ध तोष,
अंगना-अंग से लिपटे भी
आतंक-अंक पर काँप रहे हैं।
धनी, वज्रगर्जन से बादल !
त्रस्त नयन-मुख ढाँप रहे हैं।
जीर्ण-बाहु, है शीर्ण-शरीर,
तुझे बुलाता कृषक अधीर,
ऐ विप्लव के वीर !
चूस लिया है उसका सार,
हाड़-मात्र ही है आधार,
ऐ जीवन के पारावार !

1920 ई.

जुही की कली

विजन-वन-वल्लरी पर
सोती थी सुहागभरी—स्नेह-स्वप्न-मग्न—
अमल-कोमल-तनु-तरुणी—जुही की कली,

दृग बन्द किये, शिथिल—पत्रांक में ।
वासन्ती निशा थी;
विरह-विधुर-प्रिया-संग छोड़
किसी दूर देश में था पवन
जिसे कहते हैं मलयानिल ।
आई याद बिछुड़न से मिलन की वह मधुर बात,
आई याद चाँदनी की धुली हुई आधी रात,
आई याद कान्ता की कम्पित कमनीय गात,
फिर क्या ? पवन
उपवन-सर-सरित गहन-गिरि-कानन
कुञ्ज-लता-पुञ्जों को पारकर
पहुँचा जहाँ उसने की केलि
कली-खिली-साथ ।
सोती थी,
जाने कहो कैसे प्रिय-आगमन वह ?
नायक ने चूमे कपोल,
डोल उठी वल्लरी की लड़ी जैसे हिंडोल ।
इस पर भी जागी नहीं,
चूक-क्षमा माँगी नहीं,
निद्रालस वंकिम विशाल नेत्र मूँदे रही—
किम्वा मतवाली थी यौवन की मदिरा पिये
कौन कहे ?
निर्दय उस नायक ने
निपट निठुराई की,
कि झोंकों की झड़ियों से
सुन्दर सुकुमार देह सारी झकझोर डाली,
मसल दिये गोरे कपोल गोल;

चौंक पड़ी युवती—
चकित चितवन निज चारों ओर फेर,
हेर प्यारे को सेज पास,
नम्रमुख हँसी, खिली
खेल रंग प्यारे संग ।

1916 ई.

जागो फिर एक बार

[1]

जागो फिर एक बार !

प्यारे जगाते हुए हारे सब तारे तुम्हें
अरुण-पंख तरुण-किरण
खड़ी खोलती है द्वार—
जागो फिर एक बार !

आँखें अलियों-सी
किस मधु की गलियों मे फँसीं,
बन्द कर पाँखें
पी रही हैं मधु मौन
या सोई कमल-कोरकों में—
बन्द हो रहा गुञ्जार—
जागो फिर एक बार !

अस्ताचल ढले रवि,
शशि-छवि विभावरी में
चित्रित हुई है देख
यामिनी-गन्धा जगी,
एक टक चकोर-कोर दर्शन-प्रिय,
आशाओं भरी मौन भाषा बहु भावमयी
घेर रही चन्द्र को चाव से,
शिशिर-भार-व्याकुल कुल
खिले फूल झुके हुए,
आया कलियों में मधुर
मद-उर यौवन-उभार,
जागो फिर एक बार !

पिउ-रव पपीहे प्रिय बोल रहे,
सेज पर विरह-विदग्धा वधू
याद कर बीती बातें, रातें मन-मिलन की,
मूँद रही पलकें चारु,
नयन-जल ढल गये,
लघुतर कर व्यथा-भार—
जागो फिर एक बार !

सहृदय समीर जैसे
पोंछो प्रिय, नयन-नीर
शयन-शिथिल-बाहें
भर स्वप्निल आवेश में,
आतुर उर वसन-मुक्त कर दो,
सब सुप्ति सुखोन्माद हो;

छूट-छूट अलस
फैल जाने दो पीठ पर
कल्पना से कोमल
ऋजु-कुटिल प्रसार-कामी केश-गुच्छ।
तन-मन थक जायँ,
मृदु सुरभि-सी समीर में
बुद्धि बुद्धि में हो लीन,
मन में मन, जी जी में,
एक अनुभव बहता रहे
अभय आत्माओं में,
कब से मैं रही पुकार—
जागो फिर एक बार !

उगे अरुणाचल में रवि
आई भारती-रति कवि-कण्ठ में
क्षण-क्षण में परिवर्तित
होते रहे प्रकृति-पट,
गया दिन, आई रात,
गई रात, खुला दिन,
ऐसे ही संसार के बीते दिन, पक्ष, मास,
वर्ष कितने ही हजार—
जागो फिर एक बार !

1918 ई.

[2]

जागो फिर एक बार !

समर में अमर कर प्राण,

गान गाये महासिन्धु-से
सिन्धु-नद-तीरवासी,! —
सैन्धव तुरंगों पर
चतुरंग चमू संग;
"सवा-सवा लाख पर
एक को चढ़ाऊँगा,
गोविन्द सिंह निज
नाम जब कहाऊँगा।"
किसने सुनाया यह
वीर-जन-मोहन अति
दुर्जय संग्राम-राग,
फाग का खेला रण
बारहों महीनों में ?
शेरों की माँद में,
आया है आज स्यार—
जागो फिर एक बार !

सत् श्री अकाल,
भाल-अनल धक-धक कर जला,
भस्म हो गया था काल—
तीनों गुण—ताप त्रय,
अभय हो गये थे तुम,
मृत्युञ्जय व्योमकेश के समान,
अमृत-सन्तान ! तीव्र
भेदकर सप्तावरण-मरण-लोक,
शोकहारी ! पहुँचे थे वहाँ,
जहाँ आसन है सहस्रार—

जागो फिर एक बार !

सिंह की गोद से
छीनता रे शिशु कौन ?
मौन भी क्या रहती वह
रहते प्राण ? रे अजान !
एक मेषमाता ही
रहती है निर्निमेष—
दुर्बल वह—
छिनती सन्तान जब
जन्म पर अपने अभिशप्त
तप्त आँसू बहाती है;—
किन्तु क्या,
योग्य जन जीता है,
पश्चिम की उक्ति नहीं—
गीता है, गीता है—
स्मरण करो बार-बार—
जागो फिर एक बार !

पशु नहीं, वीर तुम,
समर-शूर क्रूर नहीं,
कालचक्र में हो दबे
आज तुम राजकुँवर !—समर-सरताज !
पर, क्या है,
सब माया है—माया है,
मुक्त हो सदा ही तुम,
बाधा-विहीन बन्ध छन्द ज्यों,
डूबे आनन्द में सच्चिदानन्द-रूप ।

महामन्त्र ऋषियों का
अणुओं-परमाणुओं में फूँका हुआ—
"तुम हो महान्, तुम सदा हो महान्,
है नश्वर यह दीन भाव,
कायरता, कामपरता,
ब्रह्म हो तुम,
पद-रज-भर भी है नहीं,
पूरा यह विश्व-भार"—
जागो फिर एक बार !

1921 ई.

शरण में जन जननि

गीत

अनगिनित आ गये शरण में जन, जननि—
सुरभि - सुमनावली खुली, मधुऋतु अवनि !
स्नेह से पंक - उर हुए पंकज मधुर,
ऊर्ध्व-दृग गगन में देखते मुक्ति - मणि !
बीत रे गई निशि, देश लख हँसी दिशि,
अखिल के कण्ठ की उठी आनन्द ध्वनि !

1929 ई.

पावन करो नयन

गीत

पावन करो नयन !
रश्मि, नभ - नील - पर,
सतत शत रूप धर,
विश्व - छवि में उतर,
लघु - कर करो चयन !
प्रतनु, सरदिन्दु - वर,
पद्‌म - जल - विन्दु पर,
स्वप्न - जागृति सुघर,
दुख - निशि करो शयन !

1930 ई.

सन्ध्या-सुन्दरी

दिवसावसान का समय
मेघमय आसमान से उतर रही है
वह सन्ध्या-सुन्दरी परी-सी
धीरे धीरे धीरे,
तिमिराञ्चल में चञ्चलता का नहीं कहीं आभास
मधुर-मधुर हैं दोनों उसके अधर,—
किन्तु गम्भीर, नहीं है उनमें हास-विलास ।

हँसता है तो केवल तारा एक
गुँथा हुआ उन घुँघराले काले बालों से,
हृदय-राज्य की रानी का वह करता है अभिषेक ।

अलसता की-सी लता
किन्तु कोमलता की वह कली
सखी नीरवता के कन्धे पर डाले बाँह,
छाँह-सी अम्बर-पथ से चली ।

नहीं बजती उसके हाथों में कोई वीणा,
नहीं होता कोई अनुराग-राग-आलाप,
नूपुरों में भी रुन-झुन रुन-झुन नहीं,
सिर्फ एक अव्यक्त शब्द-सा "चुप चुप चुप"
है गूंज रहा सब कहीं,—
व्योममण्डल में—जगती-तल में—
सोती शान्त सरोवर पर उस अमर कमलिनी-दल में—
सौन्दर्य - गर्विता - सरिता के अति विस्तृत वक्षःस्थल में—
धीर वीर गम्भीर शिखर पर हिमगिरि-अटल-अचल में—
उत्ताल-तरंगाघात-प्रलय-घन-गर्जन-जलधि-प्रबल में—
क्षिति में—जल में—नभ में—अनिल-अनल में—
सिर्फ एक अव्यक्त शब्द-सा "चुप चुप चुप"
है गूँज रहा सब कहीं,—
और क्या है ? कुछ नहीं ।

मदिरा की वह नदी बहाती आती,
थके हुए जीवों को सस्नेह
प्याला वह एक पिलाती,

सुलाती उन्हें अंक पर अपने,
दिखलाती फिर विस्मृति के वह कितने मीठे सपने;

अर्द्धरात्रि की निश्चलता में हो जाती वह लीन,
कवि का बढ़ जाता अनुराग,
विरहाकुल कमनीय कंठ से
आप निकल पड़ता तब एक विहाग ।

1921 ई.

यामिनी जागी

गीत

(प्रिय) यामिनी जागी ।
अलस पंकज-दृग अरुण-मुख-
तरुण-अनुरागी ।

खुले केश अशेष शोभा भर रहे,
पृष्ठ-ग्रीवा-बाहु-उर पर तर रहे;
बादलों में घिर अपर दिनकर रहे,
ज्योति की तन्वी, तड़ित-
द्युति ने क्षमा माँगी ।

हेर उर-पट फेर मुख के बाल,
लख चतुर्दिक चली मन्द मराल,

गेह में प्रिय-स्नेह की जय माल,
वासना की मुक्ति, मुक्ता
त्याग में तागी ।

1927 ई.

वसन्त आया

गीत

सखि, वसन्त आया ।
भरा हर्ष वन के मन,
नवोत्कर्ष छाया ।

किसलय-वसना नव-वय-लतिका
मिली मधुर प्रिय-उर तरु-पतिका,
मधुप-वृन्द बन्दी—
पिक-स्वर नभ सरसाया ।

लता - मुकुल - हार - गन्ध-भार भर
बही पवन बन्द मन्द मन्दतर,
जागी नयनों में वन-
यौवन की माया ।

आवृत सरसी-उर-सरसिज उठे,
केशर के केश कली के छुटे,

स्वर्ण-शस्य-अञ्चल
पृथ्वी का लहराया ।

1928 ई.

शेष

सुमन भर न लिये,
सखि वसन्त गया ।
हर्ष - हरण - हृदय
नहीं निर्दय क्या ?

विवश नयनोन्मादवश हँसकर तकी,
देखती - ही - देखती री मैं थकी,
अलस पग, मग में ठगी-सी रह गई,
मुकुल-व्याकुल श्रीसुरभि वह कह गई—

''सुमन भर न लिये,
सखि, वसन्त गया ।
हर्ष - हरण - हृदय,
नहीं निर्दय क्या ?''

याद थी आई,
एक दिन जब शान्त
वायु थी, आकाश
हो रहा था क्लान्त

ढल रहे थे मलिन-मुख रवि, दुख-किरण
पद्म-मन पर थी, रहा अवसन्न बन,
देखती वह छवि खड़ी मैं, साथ वे
कह रहे थे हाथ में यह हाथ ले,

"एक दिन होगा
जब न मैं हूँगा,
हर्ष - हरण - हृदय
नहीं निर्दय क्या ?"

1921 ई.

नवल खुलीं

गीत

दृगों की कलियाँ नवल खुलीं;
रूप-इन्दु से सुधा-विन्दु वह;
रह-रह और तुलीं ।

प्रणय-श्वास के मलय-स्पर्श से
हिल-हिल हँसती चपल हर्ष से
ज्योति-तप्त-मुख, तरुण वर्ष के
कर से मिलीजुलीं ।

नहा स्नेह का पूर्ण सरोवर
श्वेत-वसन लौटीं सलाज घर
अलख सखा के ध्यान-लक्ष्य पर
डूबीं, अमल धुलीं।

1926 ई.

प्रभाती

प्रिय, मुद्रित दृग खोलो !
गत स्वप्न-निशा का तिमिर-जाल
नव किरणों से धो लो—
मुद्रित दृग खोलो !

जीवन - प्रसून वह वृन्त - हीन
खुल गया, उषा - नभ में नवीन,
धाराएँ ज्योति - सुरभि उर भर
बह चलीं चतुर्दिक कर्म - लीन,
तुम भी निज तरुण - तरंग खोल
नव अरुण - संग, हो लो—
मुद्रित दृग खोलो !

वासना - प्रेयसी बार - बार
श्रुति - मधुर मन्द स्वर से पुकार
कहती, प्रतिदिन के उपवन के
जीवन में, प्रिय, आई बहार,

बहती इस विमल वायु में
बह चलने का बल तोलो—
मुद्रित दृग खोलो !

1924 ई.

तोड़ती पत्थर

वह तोड़ती पत्थर;
देखा उसे मैंने इलाहाबाद के पथ पर—
वह तोड़ती पत्थर ।

कोई न छायादार
पेड़ वह जिसके तले बैठी हुई स्वीकार;
श्याम तन, भर बँधा यौवन,
नत नयन, प्रिय कर्म-रत मन,
गुरु हथौड़ा हाथ,
करती बार-बार प्रहार—
सामने तरु-मालिका, अट्टालिका, प्राकार ।

चढ़ रही थी धूप;
गर्मियों के दिन,
दिवा का तमतमाता रूप;
उठी झुलसाती हुई लू,
रुई ज्यों जलती हुई भू,
गर्द चिनगीं छा गईं,

प्रायः हुई दुपहर—
वह तोड़ती पत्थर ।

देखते देखा मुझे तो एक बार
उस भवन की ओर देखा, छिन्नतार;
देखकर कोई नहीं,
देखा मुझे उस दृष्टि से
जो मार खा रोई नहीं;
सजा सहज सितार,
सुनी मैंने वह नहीं जो थी सुनी झंकार ।
एक क्षण के बाद वह काँपी सुघर,
ढुलक माथे से गिरे सीकर,
लीन होते कर्म में फिर ज्यों कहा—
"मैं तोड़ती पत्थर ।"

1935 ई.

दे, मैं करूँ वरण

गीत

दे, मैं करूँ वरण ।
जननि, दुखहरण पद-राग-रञ्जित मरण ।

भीरुता के बँधे पाश सब छिन्न हों,
मार्ग के रोध विश्वास से भिन्न हों,

आज्ञा, जननि, दिवस-निशि करूँ अनुसरण ।
लाञ्छना इन्धन हृदय-तल जले अनल,
भक्ति-नत-नयन मैं चलूँ अविरत सबल
पार कर जीवन-प्रलोभन समुपकरण ।

प्राण-संघात के सिन्धु के तीर मैं,
गिनता रहूँगा न कितने तंरग हैं,
धीर मैं ज्यों समीरण करूँगा तरण ।

1932 ई.

मातृ-वन्दना

गीत

नर - जीवन के स्वार्थ सकल
बलि हों तेरे चरणों पर, माँ,
मेरे श्रम- सञ्चित सब फल ।

जीवन के रथ पर चढ़ कर,
सदा मृत्यु - पथ पर बढ़ कर,
महाकाल के खरतर शर सह
सकूँ, मुझे तू कर दृढ़तर;
जागे मेरे उर में तेरी
मूर्ति अश्रु - जल - धौत विमल,
दृग-जल से पा बल, बलि कर दूँ

जननि, जन्म-श्रम-सञ्चित फल ।
बाधाएँ आयें तन पर,
देखूँ तुझे नयन-मन भर,
मुझे देख तू सजल दृगों से
अपलक, उर के शतदल पर;
क्लेदयुक्त अपना तन दूँगा,
मुक्त करूँगा तुझे अटल,
तेरे चरणों पर देकर बलि
सकल श्रेय—श्रम-सञ्चित फल ।

1920 ई.

जागा दिशा-ज्ञान

गीत

जागा दिशा-ज्ञान;
उगा रवि पूर्व का गगन में, नव-यान ।

खुले, जो पलक तम में हुए थे अचल
चेतनाहत हुई दृष्टि दीखी चपल,
स्नेह से फुल्ल आई उमड़ मुसकान ।

किरण-दृक्-पात, आरक्त किसलय सकल;
शक्त द्रुम, कमल-कलि पवन-जल-स्पर्श-चल;
भाव में शत सतत बह चले पथ प्राण ।

हारे हुए सकल दैन्य दलमल चले—
जीते हुए लगे जीते हुए गले,
बन्द वह विश्व में गूँजा विजय-गान ।

1929 ई.

अस्ताचल रवि

गीत

अस्ताचल रवि, जल छलछल-छवि,
स्तब्ध, विश्वकवि, जीवन उन्मन;
मन्द पवन बहती सुधि रह-रह
परिमल की कह कथा पुरातन ।

दूर नदी पर नौका सुन्दर,
दीखी मृदुतर बहती ज्यों स्वर,
वहाँ स्नेह की प्रतनु देह की
बिना गेह की बैठी नूतन ।

ऊपर शोभित मेघ छत्र सित,
नीचे अमित नील जल दोलित;
ध्यान-नयन-मन, चिन्त्य प्राण-धन;
किया शेष रवि ने कर अर्पण ।

1932 ई.

प्रात तव द्वार पर

गीत

प्रात तव द्वार पर,
आया, जननि, नैश अन्ध पथ पार कर।

लगे जो उपल पद, हुए उत्पल ज्ञात,
कण्टक चुभे जागरण बने अवदात,
स्मृति में रहा पार करता हुआ रात,
अवसन्न भी हूँ प्रसन्न मैं प्राप्तवर—
प्रात तव द्वार पर।

समझ क्या वे सकेंगे भीरु मलिन-मन,
निशाचर तेजहत रहे जो वन्य जन,
धन्य जीवन कहाँ, —मातः, प्रभात-धन,
प्राप्ति को बढ़ें जो गहें तव पद अमर—
प्रात तव द्वार पर।

1932 ई.

हिन्दी के सुमनों के प्रति पत्र

गीत

मैं जीर्ण-साज बहु-छिद्र आज,
तुम सुदल सुरंग सुवास सुमन,

मैं हूँ केवल पदतल-आसन,
तुम सहज विराजे महाराज ।

ईर्ष्या कुछ नहीं मुझे, यद्यपि
मैं ही वसन्त का अग्रदूत,
ब्राह्मण-समाज में ज्यों अछूत,
मैं रहा आज यदि पार्श्वच्छवि ।

तुम मध्य भाग के, महाभाग!—
तरु के उर के गौरव प्रशस्त,
मैं पढ़ा जा चुका पत्र न्यस्त
तुम अलि के नव रस-रंगराग ।

देखो, पर, क्या पाते तुम "फल"
देगा जो भिन्न स्वाद रस भर,
कर पार तुम्हारा भी अन्तर
निकलेगा जब तरु का सम्बल ।

फल सर्वश्रेष्ठ नायाब चीज
या तुम बाँधकर रँगा धागा;
फल के उर का कटु त्यागा;
मेरा आलोचक एक बीज ।

1937 ई.

बन्दूँ पद सुन्दर तव

गीत

बन्दूँ पद सुन्दर तव;
छन्द नवल स्वर-गौरव ।

जननि, जनक - जननि - जननि;
जन्मभूमि-भाषे !
जागो, नव अम्बर - भर,
ज्योतिस्तर-वासे !
उठे स्वरोर्मियों - मुखर
दिक्कुमारिका-पिक-रव ।

दृग-दृग को रञ्जित कर
अञ्जन भर दो भर ।—
बिधें प्राण पञ्चबाण
के भी, परिचय - शर ।
दृग-दृग की बँधी सुछबि
बाँधें सचराचर भव !

1933 ई.

भर देते हो

भर देते हो
बार-बार, प्रिय, करुणा की किरणों से
क्षुब्ध हृदय को पुलकित कर देते हो ।
मेरे अन्तर में आते हो देव निरन्तर,
कर जाते हो व्यथा - भार लघु
बार - बार कर - कञ्ज बढ़ाकर;
अन्धकार में मेरा रोदन
सिक्त धरा के अञ्चल को
करता है क्षण-क्षण—
कुसुम-कपोलों पर वे लोल शिशिर-कण;
तुम किरणों से अश्रु पोंछ लेते हो,
नव प्रभात जीवन में भर देते हो ।

1922 ई.

जागो, जीवन-धनिके

गीत

जागो, जीवन - धनिके !
विश्व - पण्य - प्रिय वणिके !

दुःख - भार भारत तम - केवल,
वीर्य-सूर्य के ढके सकल दल,

खोलो उषा-पटल निज कर अयि,
छविमयि, दिन-मणिके !

गह कर अकल तूलि, रँग-रँग कर
बहु जीवनोपाय भर दो घर,
भारति, भारत को फिर दो वर
ज्ञान-विपणि-खनिके ।

दिवस-मास-ऋतु-अयन-वर्ष भर
अयुत-वर्ण युग-योग निरन्तर
बहते छोड़ शेष सब तुम पर
लव-निमेष-कणिके !

1931 ई.

घन, गर्जन से भर दो वन

गीत

घन, गर्जन से भर दो वन
तरु-तरु पादप-पादप-तन ।

अब तक गुञ्जन-गुञ्जन पर
नाचीं कलियाँ छबि निर्भर;
भौंरों ने मधु पी-पीकर
माना, स्थिर-मधु-ऋतु कानन ।

गरजो हे मन्द्र, वज्र-स्वर;
थर्राये भूधर - भूधर
झरझर झरझर धारा झर
पल्लव-पल्लव पर जीवन ।

1935 ई.

स्वागत

कितने ही विघ्नों का जाल
जटिल अगम विस्तृत पथ पर विकराल;
कण्टक, कर्दम, भय-श्रम-निर्मम कितने शूल;
हिंस्र निशाचर, भूधर, कन्दर पशु-संकुल
पथ घन तम, अगम अकूल—
पार—पार करके आये, हे नूतन,!
सार्थक जीवन ले आये
श्रम-कण में बन्धु, सफल-श्रम,!
सिर पर कितना गरजे वज्र-बादल,
उपल-वृष्टि, फिर शीत घोर, फिर ग्रीष्म-प्रबल ।
साधक, मन के निश्चल, पथ के सचल,
प्रतिज्ञा के हे अचल-अटल !
पथ पूरा करके आये तुम,
स्वागत हे प्रिय-दर्शन,
आये, नव-जीवन भर लाये ।

1922 ई.

जागृति में सुप्ति थी

जड़े नयनों में स्वप्न
खोल बहुरंगी पंख विहग-से
सो गया सुरा-स्वर
प्रिया के मौन अधरों में
क्षुब्ध एक कम्पन-सा निद्रित
सरोवर में ।

लाज़ से सुहाग का—
मान से प्रगल्भ प्रिय-प्रणय निवेदन का
मन्द-हास-मृदु वह,
सजा-जागरण-जग,
थककर वह चेतना भी लाजमयी
अरुण किरणों में समा गई ।

जाग्रत प्रभात में क्या शान्ति थी !—
जागृति में सुप्ति थी—
जागरण-क्लान्ति थी ।

1922 ई.

बादल-2

उमड़ सृष्टि के अन्तहीन अम्बर से
घर से क्रीड़ा-रत बालक-से,

ऐ अनन्त के चञ्चल शिशु सुकुमार !
स्तब्ध गगन को करते हो तुम पार ।
अन्धकार—घन अन्धकार ही
क्रीड़ा का आगार ।
चौंक चमक छिप जाती विद्युत्
तडिद्दाम अभिराम,
तुम्हारे कुञ्चित केशों में
अधीर विक्षुब्ध ताल पर
एक इमन का-सा अति मुग्ध विराम ।
स्वर्ण रश्मियों-से कितने ही
छा जाते हैं मुख पर—
जग के अन्तस्तल से उमड़
नयन-पलकों पर छाये सुख पर;
रंग अपार
किरण-तूलिकाओं से अंकित
इन्द्रधनुष के सप्तक तार;—
व्योम और जगती के राग उदार
मध्यदेश में गुडाकेश !
गाते हो वारम्वार ।
मुक्त ! तुम्हारे मुक्त कण्ठ में
स्वरारोह, अवरोह, विघात,
मधुर मन्द्र, उठ पुनः-पुनः ध्वनि
छा लेती है गगन, श्याम कानन,
सुरभित उद्यान,
झर-झर-रव भूधर का मधुर प्रपात ।
वधिर विश्व के कानों में
भरते हो अपना राग,

मुक्त शिशु ! पुनः-पुनः एक ही राग अनुराग ।

1923 ई.

नुपुर के सुर मन्द रहे

गीत

नूपुर के सुर मन्द रहे,
जब न चरण स्वच्छन्द रहे ।

उतरी नभ से निर्मल राका,
पहले जब तुमने हँस ताका,
बहुविध प्राणों को झङ्कृत कर
बजे छन्द जो बन्द रहे ।

नयनों के ही साथ फिरे वे
मेरे घेरे नहीं घिरे वे,
तुमसे चल तुममें ही पहुँचे
जितने रस आनन्द रहे ।

1940 ई.

रवि गये अपर पार

गीत

देकर अन्तिम कर रवि गये अपर पार,
श्रमित-चरण आये गृहिजन निज-निज द्वार ।

अम्बर-पथ से मन्थर सन्ध्या श्यामा
उतर रही पृथ्वी पर कोमल-पद-भार ।

मन्द-मन्द बही पवन, खुल गई जुही,—
अञ्जलि-कल-विनत-नवल पदतल-उपहार ।

सुवसना उठी प्रिया आनत-नयना,
भवन-दीप जला, रही आरती उतार ।

1934 ई.

बादल

गीत

बादल छाये,
ये मेरे अपने सपने
आँखों से निकले, मँडलाये ।

बूँदें जितनी

चुनीं अधखिली कलियाँ उतनी;
बूँदों की लड़ियों के इतने
हार तुम्हें मैंने पहनाये !

गरजे सावन के घन घिर-घिर,
नाचे मोर वनों में फिर-फिर
जितनी बार
चढ़े मेरे भी तार
छन्द से तरह-तरह तिर,
तुम्हें सुनाने को मैंने भी
नहीं कहीं कम गाने गाये !

1940 ई.

राम की शक्ति-पूजा

रवि हुआ अस्त; ज्योति के पत्र पर लिखा अमर
रह गया राम - रावण का अपराजेय समर
आज का, तीक्ष्ण - शर- विधृत - क्षिप्र - कर, वेग - प्रखर,
शत - शेल - सम्वरण - शील नील - नभ - गर्जित - स्वर,
प्रतिपल - परिवर्तित व्यूह,—भेद - कौशल-समूह—
राक्षस - विरुद्ध - प्रत्यूह,—क्रुद्ध - कपि - विषम - हूह,
विच्छुरित - वह्नि - राजीवनयन - हत - लक्ष्य - बाण,
लोहित - लोचन - रावण - मदमोचन - महीयान,
राघव - लाघव—रावण - वारण—गत - युग्म - प्रहर,
उद्धत - लंकापति - मर्दित - कपि - दल - बल - विस्तर,

अनिमेष - राम—विश्वजिद्दिव्य - शर - भंग - भाव,—
विद्धांग—बद्ध - कोदण्ड - मुष्टि—खर - रुधिर - स्राव,
रावण - प्रहार - दुर्वार - विकल - वानर - दल - बल,—
मूर्च्छित - सुग्रीवांगद - भीषण - गवाक्ष - गय - नल,—
वारित - सौमित्र - भल्लपति—अगणित - मल्ल - रोध,
गर्ज्जित - प्रलयाब्धि - क्षुब्ध - हनुमत् - केवल - प्रबोध,
उद्गीरित - वह्नि - भीम - पर्वत - कपि - चतुः प्रहर,—
जानकी - भीरु - उर - आशा - भर,—रावण - सम्वर।
लौटे युग दल। राक्षस - पद - तल पृथ्वी टलमल,
बिंध महोल्लास से बार - बार आकाश विकल।
वानर - वाहिनी खिन्न, लख निज - पति - चरण चिह्न
चल रही शिविर की ओर स्थविर-दल ज्यों विभिन्न;
प्रशमित है वातावरण; नमित - मुख सान्ध्य कमल
लक्ष्मण चिन्ता - पल पीछे वानर - वीर सकल;
रघुनायक आगे अवनी पर नवनीत - चरण,
श्लथ धनु - गुण है, कटि - बन्ध स्रस्त—तूणीर - धरण,
दृढ़ जटा - मुकुट हो विपर्यस्त प्रतिलट से खुल,
फैला पृष्ठ पर, बाहुओं पर, वक्ष पर विपुल
उतरा ज्यों दुर्गम पर्वत पर नैशान्धकार,
चमकतीं दूर ताराएँ ज्यों हों कहीं पार।

आये सब शिविर, सानु पर पर्वत के, मन्थर,
सुग्रीव, विभीषण, जाम्बवान आदिक वानर,
सेनापित दल - विशेष के, अंगद, हनूमान,
नल, नील, गवाक्ष, प्रात के रण का समाधान
करने के लिए, फेर वानर - दल आश्रय - स्थल।
बैठे रघुकुल - मणि श्वेत शिला पर; निर्मल जल

ले आये कर - पद - क्षालनार्थ पटु हनूमान;
अन्य वीर सर के गये तीर सन्ध्या - विधान—
वन्दना ईश की करने को, लौटे सत्वर,
सब घेर राम को बैठे आज्ञा को तत्पर ।
पीछे लक्ष्मण, सामने विभीषण, भल्लधीर,—
सुग्रीव, प्रान्त पर पाद - पद्म के महावीर;
यूथपति अन्य जो, यथास्थान, हो निर्निमेष
देखते राम का जित - सरोज - मुख - श्याम - देश ।

है अमा - निशा; उगलता गगन घन अन्धकार;
खो रहा दिशा का ज्ञान; स्तब्ध है पवन - चार;
अप्रतिहत गरज रहा पीछे अम्बुधि विशाल;
भूधर ज्यों ध्यान - मग्न; केवल जलती मशाल ।
स्थिर राघवेन्द्र को हिला रहा फिर - फिर संशय,
रह - रह उठता जग जीवन में रावण - जय - भय;
जो नहीं हुआ आज तक हृदय रिपु - दम्य—श्रान्त,—
एक भी, अयुत - लक्ष में रहा जो दुराक्रान्त,
कल लड़ने को हो रहा विकल वह बार - बार,
असमर्थ मानता मन उद्यत हो हार - हार ।

ऐसे क्षण अन्धकार घन में जैसे विद्युत,
जागी पृथ्वी - तनया - कुमारिका - छवि, अच्युत ।
देखते हुए निष्पलक, याद आया उपवन
विदेह का,—प्रथम स्नेह का लतान्तराल मिलन
नयनों का—नयनों से गोपन—प्रिय सम्भाषण,
पलकों का नव पलकों पर प्रथमोत्थान - पतन,
काँपते हुए किसलय,—झरते पराग — समुदय,

गाते खग नव - जीवन - परिचय,—तरु मलय - वलय,
ज्योतिः प्रपात स्वर्गीय,—ज्ञात छवि प्रथम स्वीय,
जानकी - नयन - कमनीय प्रथम कम्पन तुरीय ।
सिहरा तन, क्षण भर भूला मन, लहरा समस्त,
हर धनुर्भंग को पुनर्वार ज्यों उठा हस्त,
फूटी स्मिति सीता - ध्यान - लीन राम के अधर,
फिर विश्व - विजय - भावना हृदय में आयी भर,
वे आये याद दिव्य शर अगणित मन्त्रपूत,—
फड़का पर नभ को उड़े सकल ज्यों देवदूत,
देखते राम, जल रहे शलभ ज्यों रजनीचर,
ताड़का, सुबाहु, विराध, शिरस्त्रय, दूषण, खर;
फिर देखी भीमा - मूर्ति, आज रण देखी जो
आच्छादित किये हुए सम्मुख समग्र नभ को,
ज्योतिर्मय अस्त्र सकल बुझ - बुझकर हुए क्षीण,
पा महानिलय उस तन में क्षण में हुए लीन;
लख शंकाकुल हो गये अतुल - बल शेष - शयन,—
खिंच गये दृगों में सीता के राममय नयन;
फ़िर सुना—हँस रहा अट्टहास रावण खल - खल,
भावित नयनों से सजल गिरे दो मुक्ता - दल ।

बैठे मारुति देखते राम - चरणारविन्द—
युग 'अस्ति - नास्ति' के एक - रूप गुण - गण - अनिन्द्य
साधना - मध्य भी साम्य—वाम - कर दक्षिण - पद,
दक्षिण - कर - तल पर वाम चरण, कपिवर गद्गद
पा सत्य, सच्चिदानन्द रूप, विश्राम - धाम,
जपते सभक्ति अजपा विभक्त हो राम - नाम ।
युग चरणों पर आ पड़े अस्तु वे अश्रु - युगल,

देखा कपि ने, चमके नभ में ज्यों तारा - दल;—
ये नहीं चरण राम के, बने श्यामा के शुभ,—
सोहते मध्य में हीरक युग या दो कौस्तुभ;
टूटा वह तार ध्यान का, स्थिर मन हुआ विकल
सन्दिग्ध भाव की उठी दृष्टि, देखा अविकल
बैठे वे वही कमल - लोचन, पर सजल नयन,
व्याकुल - व्याकुल कुछ चिर - प्रफुल्ल मुख, निश्चेतन।
"ये अश्रु राम के" आते ही मन में विचार,
उद्वेल हो उठा शक्ति - खेल - सागर अपार,
हो श्वसित पवन उनचास पिता - पक्ष से तुमुल
एकत्र वक्ष पर बहा वाष्प को उड़ा अतुल,
शत घूर्णावर्त, तरंग - भंग, उठते पहाड़,
जल राशि-राशि जल पर चढ़ता खाता पछाड़,
तोड़ता बन्ध—प्रतिसन्ध धरा, हो स्फीत - वक्ष
दिग्विजय - अर्थ प्रतिपल समर्थ बढ़ता समक्ष।
शत - वायु - वेग - बल, डुबा अतल में देश - भाव,
जल - राशि विपुल मथ मिला अनिल में महाराव
वज्रांग तेजघन बना पवन को, महाकाश
पहुँचा, एकादश रुद्र क्षुब्ध कर अट्टहास।
रावण - महिमा श्यामा विभावरी - अन्धकार,
यह रुद्र राम - पूजन - प्रताप तेजःप्रसार;
उस ओर शक्ति शिव की जो दशस्कन्ध - पूजित,
इस ओर रुद्र - वन्दन जो रघुनन्दन - कूजित;
करने को ग्रस्त समस्त व्योम कपि बढ़ा अटल,
लख महानाश शिव अचल हुए क्षण - भर चञ्चल;
श्यामा के पदतल भारधरण हर मन्द्रस्वर
बोले—"सम्वरो देवि, निज तेज, नहीं वानर

यह,—नहीं हुआ शृंगार - युग्म - गत, महावीर,
अर्चना राम की मूर्तिमान अक्षय - शरीर,
चिर - ब्रह्मचर्य - रत ये एकादश रुद्र, धन्य,
मर्यादा - पुरुषोत्तम के सर्वोत्तम, अनन्य,
लीला - सहचर, दिव्यभावधर, इन पर प्रहार
करने पर होगी देवि, तुम्हारी विषम हार;
विद्या का ले आश्रय इस मन को दो प्रबोध,
झुक जायेगा कपि, निश्चय होगा दूर रोध ।''
कह हुए मौन शिव; पवन - तनय में भर विस्मय
सहसा नभ में अञ्जना - रूप का हुआ उदय;
बोली माता—''तुमने रवि को जब लिया निगल
तब नहीं बोध था तुम्हें, रहे बालक केवल;
यह वही भाव कर रहा तुम्हें व्याकुल रह - रह,
यह लज्जा की है बात कि माँ रहती सह - सह;
यह महाकाश, है जहाँ वास शिव का निर्मल—
पूजते जिन्हें श्रीराम उसे ग्रसने को चल
क्या नहीं कर रहे तुम अनर्थ ?—सोचो मन में;
क्या दी आज्ञा ऐसी कुछ श्रीरघुनन्दन ने ?
तुम सेवक हो, छोड़कर धर्म कर रहे कार्य—
क्या असम्भाव्य हो यह राघव के लिए धार्य ?''
कपि हुए नम्र, क्षण में माता - छवि हुई लीन,
उतरे धीरे - धीरे गह प्रभु - पद हुए दीन ।

राम का विषण्णानन देखते हुए कुछ क्षण
''हे सखा'' विभीषण बोले ''आज प्रसन्न वदन
वह नहीं देखकर जिसे समग्र वीर - वानर—
भल्लूक विगत - श्रम हो पाते जीवन निर्जर;

रघुवीर, तीर सब वही तूण में हैं रक्षित,
है वही वक्ष, रण - कुशल हस्त, बल वही अमित;
हैं वही सुमित्रानन्दन मेघनाद - जित - रण,
हैं वही भल्लपति, वानरेन्द्र सुग्रीव प्रमन,
तारा - कुमार भी वही महाबल श्वेत धीर,
अप्रतिभट वही एक—अर्बुद - सम, महावीर,
है वही दक्ष सेनानायक, है वही समर,
फिर कैसे असमय हुआ उदय यह भाव - प्रहर ?
रघुकुल - गौरव लघु हुए जा रहे तुम इस क्षण,
तुम फेर रहे हो पीठ, हो रहा जब जय रण !
कितना श्रम हुआ व्यर्थ ! आया जब मिलन - समय,
तुम खींच रहे हो हस्त जानकी से निर्दय !
रावण, रावण, लम्पट, खल, कल्मष - गताचार,
जिसने हित कहते किया मुझे पाद- प्रहार,
बैठा उपवन में देगा दुख सीता को फिर,—
कहता रण की जय - कथा पारिषद् - दल से घिर;—
सुनता वसन्त में उपवन में कल - कूजित - पिक,
मैं बना किन्तु लंकापति, धिक्, राघव, धिक् - धिक् !"

सब सभा रही निस्तब्ध : राम के स्तिमित नयन
छोड़ते हुए शीतल प्रकाश, देखते विमन,
जैसे ओजस्वी शब्दों का जो था प्रभाव
उससे न इन्हें कुछ चाव, न ही कोई दुराव;
ज्यों हों वे शब्दमात्र—मैत्री की समनुरक्ति,
पर जहां गहन भाव के ग्रहण की नहीं शक्ति ।
कुछ क्षण तक रहकर मौन सहज निज कोमल स्वर
बोले रघुमणि—"मित्रवर, विजय होगी न समर;

यह नहीं रहा नर-वानर का राक्षस से रण,
उतरीं पा महाशक्ति रावण से आमन्त्रण;
अन्याय जिधर, हैं उधर शक्ति।" कहते छल - छल
हो गये नयन, कुछ बूँद पुनः ढलके दृगजल,
रुक गया कण्ठ, चमका लक्ष्मण - तेजः प्रचण्ड,
धँस गया धरा में कपि गह युग - पद मसक दण्ड,
स्थिर जाम्बवान,—समझते हुए ज्यों सकल भाव,
व्याकुल सुग्रीव,—हुआ उर में ज्यों विषम घाव,
निश्चित - सा करते हुए विभीषण कार्य - क्रम,
मौन में रहा यों स्पन्दित वातावरण विषम।

निज सहज रूप में संयत हो जानकी - प्राण
बोले—"आया न समझ में, यह दैवी विधान;
रावण, अधर्मरत भी, अपना, मैं हुआ अपर—
यह रहा शक्ति का खेल समर, शंकर, शंकर!
करता मैं योजित बार - बार शर - निकर निशित,
हो सकती जिनसे यह संसृति सम्पूर्ण विजित,
जो तेजः पुञ्ज, सृष्टि की रक्षा का विचार
है जिनमें निहित पतनघातक संस्कृति अपार—
शत - शुद्धि - बोध—सूक्ष्मातिसूक्ष्म मन का विवेक,
जिनमें है छात्र-धर्म का धृत पूर्णाभिषेक,
जो हुए प्रजापतियों से, संयम से रक्षित,
वे शर हो गये आज रण में श्रीहत, खण्डित!
देखा, हैं महाशक्ति रावण को लिये अंक,
लाञ्छन को ले जैसे शशांक नभ में अशंक;
हत मन्त्र - पूत शर सम्वृत करतीं बार - बार,
निष्फल होते लक्ष्य पर क्षिप्र वार पर वार।

विचलित लख कपिदल, क्रुद्ध युद्ध को मैं ज्यों - ज्यों,
झक - झक झलकती वह्नि वामा के दृग त्यों - त्यों;
पश्चात्, देखने लगीं मुझे, बँध गये हस्त,
फिर खिंचा न धनु, मुक्त ज्यों बँधा मैं, हुआ त्रस्त !"
कह हुए भानु - कुल - भूषण वहाँ मौन क्षण भर,
बोले विश्वस्त कण्ठ से जाम्बवान, "रघुवर,
विचलित होने का नहीं देखता मैं कारण,
हे पुरुषसिंह, तुम भी यह शक्ति करो धारण,
आराधन का दृढ़ आराधन से दो उत्तर,
तुम वरो विजय संयत प्राणों से प्राणों पर;
रावण अशुद्ध होकर भी यदि कर सका त्रस्त
तो निश्चय तुम हो सिद्ध करोगे उसे ध्वस्त;
शक्ति की करो मौलिक कल्पना, करो पूजन,
छोड़ दो समर जब तक न सिद्धि हो, रघुनन्दन !
तब तक लक्ष्मण हैं महावाहिनी के नायक
मध्य भाग में, अंगद दक्षिण - श्वेत सहायक,
मैं भल्ल - सैन्य; हैं वाम - पार्श्व में हनूमान,
नल, नील और छोटे कपिगण—उनके प्रधान;
सुग्रीव, विभीषण, अन्य यूथपति यथासमय
आयेंगे रक्षा - हेतु जहां भी होगा भय ।"

खिल गई सभा । "उत्तम निश्चय यह, भल्लनाथ !"
कह दिया वृद्ध को मान राम ने झुका माथ ।
हो गए ध्यान में लीन पुनः करते विचार,
देखते सकल—तन पुलकित होता बार - बार ।
कुछ समय - अनन्तर इन्दीवर - निन्दित लोचन
खुल गये, रहा निष्पलक भाव में मज्जित मन ।

बोले आवेग - रहित स्वर से विश्वास - स्थित—
''मातः, दशभुजा, विश्व - ज्योतिः, मैं हूँ आश्रित;
हो विद्ध शक्ति से है खल महिषासुर मर्दित,
जनरञ्जन - चरण - कमल - तल धन्य सिंह - गर्जित !
यह, यह मेरा प्रतीक, मातः, समझा इंगित;
मैं सिंह, इसी भाव से करूँगा अभिनन्दित ।''
कुछ समय स्तब्ध हो रहे राम छवि में निमग्न,
फिर खोले पलक - कमल - ज्योतिर्दल ध्यान - लग्न;
हैं देख रहे मंत्री, सेनापति, वीरासन
बैठे उमड़ते हुए, राघव का स्मित आनन ।
बोले भावस्थ चन्द्र - मुख - निन्दित रामचन्द्र
प्राणों में पावन कम्पन भर, स्वर - मेघमन्द्र—
''देखो, बन्धुवर, सामने स्थित जो वह भूधर
शोभित शत - हरित - गुल्म - तृण से श्यामल सुन्दर,
पार्वती कल्पना हैं इसकी, मकरन्द - विन्दु;
गरजता चरण - प्रान्त पर सिंह वह, नहीं सिन्धु;
दशदिक - समस्त हैं हस्त, और देखो ऊपर,
अम्बर में हुए दिगम्बर अर्चित शशि - शेखर;
लख महाभाव - मंगल पद - तल धँस रहा गर्व—
मानव के मन का असुर मन्द, हो रहा खर्व ।''
फिर मधुर दृष्टि से प्रिय कपि को खींचते हुए
बोले प्रियतर स्वर से अन्तर सींचते हुए—
''चाहिए हमें एक सौ आठ, कपि, इन्दीवर,
कम - से - कम, अधिक और हों, अधिक और सुन्दर,
जाओ देवीदह, उषःकाल होते सत्वर,
तोड़ो, लाओ वे कमल, लौटकर लड़ो समर !''
अवगत हो जाम्बवान से पथ, दूरत्व, स्थान,

प्रभु - पद - रज सिर धर चले हर्ष भर हनूमान ।
राघव ने विदा किया सबको जानकर समय,
सब चले सदय राम की सोचते हुए विजय ।

निशि हुई विगत : नभ के ललाट पर प्रथम किरण
फूटी, रघुनन्दन के दृग महिमा - ज्योति - हिरण;
है नहीं शरासन आज हस्त—तूणीर स्कन्ध,
वह नहीं सोहता निविड़ - जटा दृढ़ मुकुट - बन्ध;
सुन पड़ता सिंहनाद,—रण - कोलाहल अपार,
उमड़ता नहीं मन, स्तब्ध सुधी हैं ध्यान धार;
पूजोपरान्त जपते दुर्गा, दशभुजा नाम,
मन करते हुए मनन नामों के गुण - ग्राम;
बीता वह दिवस, हुआ मन स्थिर इष्ट के चरण,
गहन सें गहनतर होने लगा समाराधन
क्रम - क्रम से हुए पार राघव के पञ्च दिवस,
चक्र से चक्र मन चढ़ता गया ऊर्ध्व निरलस;
कर - जप पूरा कर एक चढ़ाते इन्दीवर,
निज पुरश्चरण इस भाँति रहे हैं पूरा कर ।
चढ़ षष्ठ दिवस आज्ञा पर हुआ समाहित मन,
प्रति जप से खिंच - खिंच होने लगा महाकर्षण;
सञ्चित त्रिकुटी पर ध्यान द्विदल देवी - पद पर,
जप के स्वर लगा काँपने थर - थर - थर अम्बर;
दो दिन निष्पन्द एक आसन पर रहे राम,
अर्पित करते इन्दीवर, जपते हुए नाम;
आठवाँ दिवस, मन ध्यान - युक्त चढ़ता ऊपर
कर गया अतिक्रम ब्रह्मा - हरि - शंकर का स्तर,
हो गया विजित ब्रह्माण्ड पूर्ण, देवता स्तब्ध,

हो गये दग्ध जीवन के तप के समारब्ध;
रह गया एक इन्दीवर, मन देखता—पार,
प्रायः करने को हुआ दुर्ग जो सहस्रार,
द्विप्रहर रात्रि, साकार हुई दुर्गा छिपकर
हँस उठा ले गई पूजा का प्रिय इन्दीवर ।
यह अन्तिम जप, ध्यान में देखते चरण - युगल
राम ने बढ़ाया कर लेने को नील कमल;
कुछ लगा न हाथ, हुआ सहसा स्थिर मन चञ्चल,
ध्यान की भूमि से उतरे, खोले पलक विमल,
देखा, वह रिक्त स्थान, यह जप का पूर्ण समय
आसन छोड़ना असिद्धि, भर गये नयन - द्वय—
"धिक् जीवन को जो पाता ही आया विरोध,
धिक् साधन जिसके लिए सदा ही किया शोध !
जानकी ! हाय, उद्धार प्रिया का न हो सका ।"
वह एक और मन रहा राम का जो न थका;
जो नहीं जानता दैन्य, नहीं जानता विनय,
कर गया भेद वह मायावरण प्राप्त कर जय,
बुद्धि के दुर्ग पहुँचा विद्युत - गति हतचेतन
राम में जगी स्मृति, हुए सजग पा भाव प्रमन ।
"यह है उपाय" कह उठे राम ज्यों मन्द्रित घन—
"कहती थीं माता मुझे सदा राजीव - नयन !
दो नील - कमल हैं शेष अभी, यह पुरश्चरण
पूरा करता हूँ देकर मातः एक नयन !"
कहकर देखा तूणीर ब्रह्मशर रहा झलक,
ले लिया हस्त लक - लक करता वह महाफलक;
ले अस्त्र वाम कर, दक्षिण कर दक्षिण लोचन
ले अर्पित करने को उद्यत हो गये सुमन ।

जिस क्षण बँध गया बेधने को दृग दृढ़ निश्चय,
काँपा ब्रह्माण्ड, हुआ देवी का त्वरित उदय—

''साधु, साधु, साधक धीर, धर्म - धन धन्य राम !''
कह लिया भगवती ने राघव का हस्त थाम ।
देखा राम ने, सामने श्री दुर्गा, भास्वर
वामपद असुर - स्कन्ध पर, रहा दक्षिण हरि पर;
ज्योतिर्मय रूप, हस्त दश विविध - अस्त्र सज्जित,
मन्द - स्मित मुख, लख हुई विश्व की श्री लज्जित
हैं दक्षिण में लक्ष्मी, सरस्वती वाम भाग,
दक्षिण गणेश, कार्तिक बायें रण - रंग - राग,
मस्तक पर शंकर । पद - पद्मों पर श्रद्धाभर
श्री राघव हुए प्रणत मन्द - स्वर वन्दन कर ।
''होगी जय, होगी जय, हे पुरुषोत्तम नवीन !''
कह महाशक्ति राम के वदन में हुई लीन ।

1936 ई.

मैं अकेला

गीत

मैं अकेला;
देखता हूँ, आ रही
मेरे दिवस की सान्ध्य वेला ।
पके आधे बाल मेरे
हुए निष्प्रभ गाल मेरे,

चाल मेरी मन्द होती आ रही,
हट रहा मेला ।
जानता हूँ, नदी - झरने
जो मुझे थे पार करने,
कर चुका हूँ, हँस रहा यह देख,
कोई नहीं भेला ।

1940 ई.

जीवन भर दो

गीत

पथ पर मेरा जीवन भर दो
बादल हे, अनन्त अम्बर के
बरस सलिल गति उर्मिल कर दो !

तट हों विटप-छाँह के निर्जन
सस्मित-कलि-दल-चुम्बित जल-कण,
शीतल - शीतल बहे समीरण,
कूजें द्रुम - विहंगगण, कर दो ।

दूर ग्राम की कोई वामा
आये मन्द - चरण अभिरामा,
अवसन जल में उतरे श्यामा,
अंकित उर - छवि सुन्दरतर हो ।

1936 ई.

विधवा

वह इष्टदेव के मन्दिर की पूजा-सी
वह दीप-शिखा-सी शान्त, भाव में लीन,
वह क्रूर काल-ताण्डव की स्मृति-रेखा-सी,
वह टूटे तरु की छुटी लता-सी दीन—
दलित भारत की ही विधवा है।

षड्ऋतुओं का शृंगार,
कुसुमित कानन में नीरव-पद-सञ्चार,
अमर कल्पना में स्वच्छन्द विहार—
व्यथा की भूली हुई कथा है,
उसका एक स्वप्न अथवा है।

उसके मधु-सुहाग का दर्पण,
जिसमें देखा था उसने
बस एक बार बिम्बित अपना जीवन-धन,
अबल हाथों का एक सहारा—
लक्ष्य जीवन का प्यारा—वह ध्रुवतारा—
दूर हुआ वह बहा रहा है
उस अनन्त पथ से करुणा की धारा।

हैं करुणा-रस से पुलकित इसकी आँखें,
देखा तो भीगीं मन-मधुकर की पाँखें,
मृदु रसावेश में निकला जो गुञ्जार
यह और न था कुछ, था बस हाहाकार !

उस करुणा की सरिता के मलिन पुलिन पर,
लघु टूटी हुई कुटी का मौन बढ़ाकर
अति छिन्न हुए भीगे अञ्चल में मन को—
दुख-रूखे-सूखे अधर—त्रस्त चितवन को
वह दुनिया की नजरों से दूर बचाकर,
रोती है अस्फुट स्वर में;
दुख सुनता है आकाश धीर,—
निश्चल समीर,
सरिता की वे लहरें भी ठहर-ठहरकर ।

कौन उसको धीरज दे सके ?
दुःख का भार कौन ले सके ?

यह दुःख वह जिसका नहीं कुछ छोर है,
दैव अत्याचार कैसा घोर और कठोर है !
क्या कभी पोंछे किसी ने अश्रु-जल ?
या किया करते रहे सबको विकल ?
ओस-कण-सा पल्लवों से झर गया
जो अश्रु, भारत का उसी से सर गया ।

1919 ई.

अध्यात्म फल

जब कड़ी मारें पड़ीं, दिल हिल गया,
पर न कर चूँ भी कभी पाया यहाँ,

मुक्ति की तब युक्ति से मिल खिल गया
भाव, जिसका चाव है छाया यहाँ ।

खेत में पड़ भाव की जड़ गड़ गई,
धीर ने दुख - नीर से सींचा सदा,
सफलता की थी लता आशामयी,
झूलते थे फूल,—भावी सम्पदा !

दीन का तो हीन ही यह वक्त है,
रंग करता भंग जो सुख - संग का,
भेद से कर छेद पीता रक्त है
राज के सुख-साज-सौरभ-अंग का ।

काल की ही चाल से मुरझा गये
फूल, हूलें शूल जो दुख मूल में,
एक ही फल, किन्तु हम बल पा गये,
प्राण है वह, त्राण सिन्धु अकूल में ।

मिष्ट है, पर इष्ट उनका है नहीं
शिष्ट पर न अभीष्ट जिनका नेक है,
स्वाद का अपवाद कर भरते मही,
पर सरस वह नीति - रस का एक है ।

1918 ई.

मुझे स्नेह क्या मिल न सकेगा ?

गीत

मुझे स्नेह क्या मिल न सकेगा ?
स्तब्ध, दग्ध मेरे मरु का तरु
क्या करुणाकर खिल न सकेगा ?

जग के दूषित बीज नष्ट कर,
पुलक - स्पन्द भर, खिला स्पष्टतर,
कृपा - समीरण बहने पर, क्या
कठिन हृदय यह हिल न सकेगा ?

मेरे दुख का भार, झुक रहा,
इसीलिए प्रति चरण रुक रहा,
स्पर्श तुम्हारा मिलने पर, क्या
महाभार यह झिल न सकेगा ?

वसन वासन्ती लेगी

होली

रूखी री यह डाल,
वसन वासन्ती लेगी ।
देख, खड़ी करती तप अपलक,

हीरक - सी समीर - माला जप,
शैल - सुता अपर्ण - अशना,
पल्लव - वसना बनेगी—
वसन वासन्ती लेगी ।

हार गले पहना फूलों का,
ऋतुपति सकल सुकृत - कूलों का,
स्नेह सरस भर देगा उर - सर,
स्मरहर को वरेगी—
वसन वासन्ती लेगी ।

मधु - व्रत में रत वधू मधुर फल,
देगी जग को स्वाद - तोश - दल,
गरलामृत शिव आशुतोष - बल
विश्व सकल नेगी—
वसन वासन्ती लेगी ।

वन-बेला

वर्ष का प्रथम
पृथ्वी के उठे उरोज मञ्जु पर्वत निरुपम
किसलयों बँधे,
पिक-भ्रमर-गुञ्ज भर मुखर प्राण रच रहे सधे
प्रणय के गान,
सुनकर रहसा,

प्रखर से प्रखरतर हुआ तपन-यौवन सहसा;
ऊर्जित, भास्वर
पुलकित शत-शत व्याकुल कर भर
चूमता रसा को बार-बार चुम्बित दिनकर
क्षोभ से, लोभ से, ममता से,
उत्कण्ठा से, प्रणय के नयन की समता से,
सर्वस्व दान
देकर, लेकर सर्वस्व प्रिया का सुकृत मान।

दाब में ग्रीष्म,
भीष्म से भीष्म बढ़ रहा ताप,
प्रस्वेद कम्प,
ज्यों-ज्यों युग-उर पर और चाप—
और सुख-झम्प;
निश्वास सघन
पृथ्वी की—बहती लू : निर्जीवन
जड़-चेतन।

यह सान्ध्य समय
प्रलय का दृश्य भरता अम्बर,
पीताभ, अग्निमय, ज्यों दुर्जय,
निर्धूम, निरभ्र, दिगन्त-प्रसर,
कर भस्मीभूत समस्त विश्व को एक शेष,
उड़ रही धूल, नीचे अदृश्य हो रहा देश।
मैं मन्द-गमन,
धर्माक्त, विरक्त पार्श्व-दर्शन से खींच नयन
चल रहा नदी-तट को करता मन में विचार—

"हो गया व्यर्थ जीवन,
मैं रण में गया हार !
सोचा न कभी
अपने भविष्य की रचना पर चल रहे सभी !"
—इस तरह बहुत कुछ ।
आया निज इच्छित स्थल पर
बैठा एकान्त देखकर
मर्माहत स्वर भर !

फिर लगा सोचने यथासूत्र—"मैं भी होता
यदि राजपुत्र—मैं क्यों न सदा कलंक ढोता,
ये होते—जितने विद्याधर—मेरे अनुचर,
मेरे प्रसाद के लिए विनत-सिर उद्यत-कर;
मैं देता कुछ, रख अधिक, किन्तु जितने पेपर,
सम्मिलित कण्ठ से गाते मेरी कीर्ति अमर,
जीवन-चरित्र
लिख अग्रलेख अथवा, छापते विशाल चित्र ।
इतना भी नहीं, लक्षपति का भी यदि कुमार
होता मैं, शिक्षा पाता अरब-समुद्र-पार,
देश की नीति के मेरे पिता परम पण्डित
एकाधिकार रखते भी धन पर, अविचल-चित
होते उग्रतर साम्यवादी, करते प्रचार,
चुनती जनता राष्ट्रपति उन्हें ही सुनिर्धार,
पैसे में दस राष्ट्रीय गीत रचकर उन पर
कुछ लोग बेचते गा-गा गर्दभ-मर्दन-स्वर,
हिन्दी-सम्मेलन भी न कभी पीछे को पग
रखता कि अटल साहित्य कहीं यह हो डगमग,

मैं पाता खबर तार से त्वरित समुद्र-पार,
लार्ड के लाडलों को देता दावत—विहार;
इस तरह खर्च केवल सहस्र षट् मास मास
पूरा कर आता लौट योग्य निज पिता पास ।
वायुयान से, भारत पर रखता चरण-कमल,
पत्रों के प्रतिनिधि-दल में मच जाती हलचल,
दौड़ते सभी, कैमरा हाथ, कहते सत्वर
निज अभिप्राय, मैं सभ्य मान जाता झुककर;
होता फिर खड़ा इधर को मुख कर कभी उधर,
बीसियों भाव की दृष्टि सतत नीचे ऊपर
फिर देता दृढ़ सन्देश देश को मर्मान्तिक,
भाषा के बिना न रहती अन्य गन्ध प्रान्तिक,
जितने रूस के भाव, मैं कह जाता अस्थिर,
समझते विचक्षण ही जब वे छपते फिर-फिर
फिर पिता-संग
जनता की सेवा का व्रत मैं लेता अभंग,
करता प्रचार
मञ्च पर खड़ा हो, साम्यवाद इतना उदार !''

तप-तप मस्तक
हो गया, सान्ध्य-नभ का रक्ताभ दिगन्त-फलक;
खोलीं आँखें आतुरता से, देखा अमन्द
प्रेयसी के अलक से आती ज्यों स्निग्ध गन्ध,
''आया हूँ मैं तो यहाँ अकेला, रहा बैठ'',
सोचा सत्वर,
देखा फिरकर, घिरकर हँसती उपवन-बेला
जीवन में भर—

यह ताप, त्रास
मस्तक पर लेकर उठी अतल की अतुल साँस,
ज्यों सिद्धि परम
भेदकर कर्म-जीवन के दुस्तर क्लेश, सुषम
आई ऊपर,
जैसे पारकर क्षीर सागर
अप्सरा सुघर
सिक्त-तन-केश, शत लहरों पर
काँपती विश्व के चकित दृश्य के दर्शन-शर ।

बोला मैं—"बेला, नहीं ध्यान
लोगों का जहाँ, खिली हो बनकर वन्य गान !
जब ताप प्रखर,
लघु प्याले में अतल की सुशीतलता ज्यों भर
तुम करा रही हो यह सुगन्ध की सुरा पान !"

लाज से नम्र हो, उठा, चला मैं और पास
सहसा बह चली सान्ध्य बेला की सुबातास,
झुक-झुक, तन-तन, फिर झूम-झूम, हँस-हँस, झकोर,
चिर-परिचित चितवन डाल, सहज मुखड़ा मरोर,
भर मुहुर्मुहुर् तन-गन्ध विमल बोली बेला—
"मैं देती हूँ सर्वस्व, छुओ मत, अवहेला
की अपनी स्थिति की जो तुमने, अपवित्र स्पर्श
हो गया तुम्हारा, रुको, दूर से करो दर्श ।"
मैं रुका वहीं;
वह शिखा नवल
आलोक स्निग्ध भर दिखा गई पथ जो उज्ज्वल ।

मैंने स्तुति की—"हे वन्य वह्नि की तन्वि नवल !
कविता में कहाँ खुले ऐसे दल दुग्ध-धवल ?—
यह अपल स्नेह,—
विश्व के प्रणयि-प्रणयिनियों का
हार-उर गेह ?—
गति सहज मन्द
यह कहाँ—कहाँ वामालक-चुम्बित पुलक-गन्ध ?"

"केवल आपा खोया, खेला
इस जीवन में",
कह सिहरी तन में वन-बेला।

'कू—ऊ कू—ऊ' बोली कोयल अन्तिम-सुख-स्वर,
'पी कहाँ' पपीहा-प्रिया मधुर विष गई छहर,
उर बढ़ा आयु
पल्लव-पल्लव को हिला हरित बह गई वायु,
लहरों में कम्प और लेकर उत्सुक सरिता
तैरी, देखतीं तमश्चरिता
छबि बेला की नभ की ताराएँ निरुपमिता,
शत-नयन-दृष्टि
विस्मय में भरकर रही विविध आलोक सृष्टि।

भाव में हरा मैं, देख मन्द हँस दी बेला,
बोली अस्फुट स्वर से—"यह जीवन का मेला।
चमकता सुघर बाहरी वस्तुओं को लेकर,
त्यों-त्यों आत्मा की निधि पावन बनती पत्थर।
बिकती जो कौड़ी-मोल

यहाँ होगी कोई इस निर्जन में,
खोजो, यदि हो समतोल
वहाँ कोई, विश्व के नगर-धन में ।
है वहाँ मान,
इसलिए बड़ा है एक, शेष छोटे अजान;
पर ज्ञान जहाँ,
देखना—बड़े-छोटे; असमान, समान वहाँ—
सब सुहृद्वर्ग
उनकी आँखों की आभा से दिग्देश स्वर्ग ।"

बोला मैं, "यही सत्य, सुन्दर !
नाचतीं वृन्त पर तुम, ऊपर
होता जब उपल-प्रहार प्रखर !
अपनी कविता
तुम रहो एक मेरे उर में
अपनी छबि में शुचि सञ्चरिता ।"

फिर उषःकाल
मैं गया टहलता हुआ, बेल की झुका डाल
तोड़ता फूल कोई ब्राह्मण,
"जाती हूँ मैं" बोली बेला,
"जीवन प्रिय के चरणों पर करने को अर्पण"—
देखती रही;
निस्वन, प्रभात की वायु बही ।

1937 ई.

भिक्षुक

वह आता—
दो टूक कलेजे के करता पछताता पथ पर आता ।

पेट-पीठ दोनों मिलकर हैं एक,
चल रहा लकुटिया टेक,
मुट्ठी-भर दाने को—भूख मिटाने को
मुँह फटी-पुरानी झोली का फैलाता—
दो टूक कलेजे के करता पछताता पथ पर आता ।

साथ दो बच्चे भी हैं सदा हाथ फैलाये,
बायें से वे मलते हुए पेट को चलते
और दाहिना दया-दृष्टि पाने की ओर बढ़ाये ।
भूख से सूख ओंठ जब जाते,
दाता—भाग्य-विधाता से क्या पाते ?—
घूँट आँसुओं के पीकर रह जाते ।
चाट रहे जूठी पत्तल वे सभी सड़क पर खड़े हुए,
और झपट लेने को उनसे कुत्ते भी हैं अड़े हुए ।

1921 ई.

तुम और मैं

तुम तुंग-हिमालय-शृंग
और मैं चञ्चल-गति सुर-सरिता ।
तुम विमल-हृदय-उच्छ्वास
और मैं कान्त-कामिनी-कविता ।
तुम प्रेम और मैं शान्ति,
तुम सुरापान-घन अन्धकार,
मैं हूँ मतवाली भ्रान्ति ।
तुम दिनकर के खर किरण-जाल,
मैं सरसिज की मुस्कान,
तुम वर्षों के बीते वियोग,
मैं हूँ पिछली पहचान ।
तुम योग और मैं सिद्धि,
तुम हो रागानुग निश्छल तप
मैं शुचिता सरल समृद्धि ।
तुम मृदु मानस के भाव
और मैं मनोरञ्जिनी भाषा,
तुम नन्दन-वन-घन विटप
और मैं सुख-शीतल-तल शाखा ।
तुम प्राण और मैं काया,
तुम शुद्ध सच्चिदानन्द ब्रह्म
मैं मनोमोहिनी माया ।
तुम प्रेममयी के कण्ठहार,
मैं वेणी काल-नागिनी,
तुम कर-पल्लव-झंकृत सितार
मैं व्याकुल विरह-रागिनी ।

तुम पथ हो, मैं हूँ रेणु,
तुम हो राधा के मनमोहन,
मैं उन अधरों की वेणु ।
तुम पथिक दूर के श्रान्त
और मैं बाट जोहती आशा,
तुम भव-सागर दुस्तर,
पार जाने की मैं अभिलाषा ।
तुम नभ हो, मैं नीलिमा,
तुम शरत्-काल के बाल-इन्दु,
मैं हूँ निशीथ-मधुरिमा ।
तुम गन्ध-कुसुम-कोमल पराग
मैं मृदुगति मलय समीर,
तुम स्वेच्छाचारी मुक्त पुरुष,
मैं प्रकृति, प्रेम-जञ्जीर ।
तुम शिव हो, मैं हूँ शक्ति.
तुम रघुकुल-गौरव रामचन्द्र,
मैं सीता अचला भक्ति ।
तुम आशा के मधुमास
और मैं पिक-कल-कूजन तान,
तुम मदन-पञ्च-शर-हस्त
और मैं हूँ मुग्धा अनजान !
तुम अम्बर, मैं दिग्वसना,
तुम चित्रकार, घन-पटल-श्याम,
मैं तड़ित्तूलिका रचना ।
तुम रण-ताण्डव-उन्माद नृत्य,
मैं मुखर मधुर नूपुर-ध्वनि,
तुम नाद-वेद ओंकार-सार

मैं कवि-शृंगार शिरोमणि ।
तुम यश हो, मैं हूँ प्राप्ति,
तुम कुन्द-इन्दु-अरविन्द-शुभ्र
तो मैं हूँ निर्मल व्याप्ति ।

आवेदन

गीत

फिर सँवार सितार लो !
बाँधकर फिर ठाट, अपने
अंक पर झंकार दो !

शब्द के कलि-दल खुलें,
गति-पवन भर काँप थर-थर
मींड़-भ्रमरावलि ढुलें,
गीत परिमल बहे निर्मल
फिर बहार बहार हो !

स्वप्न ज्यों सज जाय
यह तरी, यह सरित, यह तट,
यह गगन समुदाय !
कमल वलयित-सरल-दृग-जल
हार का उपहार हो !

हताश

गीत

जीवन चिरकालिक क्रन्दन ।
मेरा अन्तर वज्र-कठोर,
देना जी भरसक झकझोर,
मेरे दुख की गहन अन्ध-
तम-निशि न कभी हो भोर
क्या होगी इतनी उज्ज्वलता—
इतना वन्दन—अभिनन्दन ?
हो मेरी प्रार्थना विफल,
हृदय कमल के जितने दल
मुरझायें, जीबन हो म्लान
शून्य सृष्टि में मेरे प्राण
प्राप्त करें शून्यता सृष्टि की,
मेरा जग हो अन्तर्धान,
तब भी क्या ऐसे ही तम में
अटकेगा जर्जर स्यन्दन ?

1922 ई.

स्मरण करते

गीत

प्राण-धन को स्मरण करते
नयन झरते—नयन झरते !

स्नेह ओतप्रोत;
सिन्धु दूर, शशिप्रभा-दृग
अश्रु—ज्योत्स्ना-स्रोत ।
मेघ-माला सजल-नयना
सुहृद-उपवन पर उतरते ।

दुःख-योग, धरा
विकल होती जब दिवस-वश
हीन तापकरा,
गगन-नयनों के शिशिर झर
प्रेयसी के अधर भरते ।

1936 ई.

तरंगों के प्रति

गीत

किस अनन्त का नीला अञ्चल हिला-हिलाकर
आती हो तुम सजी मण्डलाकार ?
एक रागिनी में अपना स्वर मिला-मिलाकर
गाती हो ये कैसे गीत उदार ?
सोह रहा है हरा क्षीण कटि में, अम्बर-शैवाल,
गाती आप, आप देती सुकुमार करों से ताल ।
चञ्चल चरण बढ़ाती हो,
किससे मिलने जाती हो ?

तैर तिमिर-तल भुज-मृणाल से सलिल काटती
आपस में ही करती हो परिहास,
हो मरोरती गला शिला का, कभी डाँटती,
कभी दिखाती जगती-तल को त्रास;
गन्ध-मन्द गति कभी पवन का मौन-भंग उच्छ्वास,
छाया-शीतल तट-तल में आ तकती कभी उदास,
क्यों तुम भाव बदलती हो,
हँसती हो, कर मलती हो ?

बाहें अगणित बढ़ी जा रहीं हृदय खोलकर,
किसके आलिंगन का है यह साज ?
भाषा में तुम पिरो रही हो शब्द तोलकर,
किसका यह अभिनन्दन होगा आज ?
किसके स्वर में आज मिला दोगी वर्षों का गान

आज तुम्हारा किस विशाल वक्षःस्थल में अवसान,?
आज जहाँ छिप जाओगी,
फिर न हाय तुम गाओगी !

बहती जातीं साथ तुम्हारे स्मृतियाँ कितनी,
दग्ध चिता के कितने हाहाकार,
नश्वरता की थीं सजीव जो कृतियाँ कितनी,
अबलाओं की कितनी करुण पुकार !
मिलन-मुखर तट की रागिनियों का निर्भय गुञ्जार,
शंकाकुल कोमल मुख पर व्याकुलता का सञ्चार
उस असीम में ले जाओ,
मुझे न कुछ तुम दे जाओ !

1923 ई.

आये घन पावस के

गीत

अलि, घिरि आये घन पावस के ।

लख ये काले-काले बादल
नील सिन्धु में खुले कमल-दल,
हरित ज्योति, चपला अति चञ्चल
सौरभ के, रस के ।
अलि, घिरि आये घन पावस के ।

द्रुम समीर-कम्पित थर-थर-थर,
झरतीं धाराएँ झर-झर-झर
जगती के प्राणों में स्मर-शर
वेध गये, कसके ।
अलि, घिरि आये घन पावस के ।

हरियाली ने, अलि, हर ली श्री
अखिल विश्व के नव यौवन की,
मन्द-गन्ध कुसुमों में लिख दी
लिपि जय की हँसके—
अलि, घिरि आये घन पावस के ।

छोड़ गये गृह जबसे प्रियतम,
बीते अपलक दृश्य मनोरम,
क्या मैं हूँ ऐसे ही अक्षम,
जो न रहे बसके—
अलि, घिरि आये घन पावस के ।

1923 ई.

फुल्ल नयन ये

गीत

द्रुम - दल - शोभी फुल्ल नयन ये
जीवन के मधु - गन्ध - चयन ये ।

रवि के पूरक, रंग - रंग के,
छाया - छबि कवि के अनंग के,
स्नेह व्यंग्य के, संग संग के,
अंग अंग के शमित शयन ये ।

देह - भूमि के सजल श्याम - घन,
प्रणय - पवन से ज्योतिर्वर्षण,
उर के उत्पल के हर्षण - क्षण,
आन्दोलन के सृष्ट अयन ये ।

प्रेम - पाठ के पृष्ठ उभय ज्यों
खुले भी न अब तलक खुले हों,
नित्य अनित्य हो रहे हैं, यों
विविध - विश्व - दर्शन - प्रणयन ये ।

छत्रपति शिवाजी का पत्र

वीर! —सरदारों के सरदार!—महाराज!
बहु-जाति, क्यारियों के पुष्प-पत्र-दल-भरे
आन-बान-शानवाला भारत-उद्यान के
नायक हो, रक्षक हो,
वासन्ती सुरभि को हृदय से हरकर
दिगन्त भरनेवाला पवन ज्यों ।
वंशज हो—चेतन अमल-अंश
हृदयाधिकारी रविकुल-मणि रघुनाथ के ।
किन्तु हाय ! वीर राजपूतों की

गौरव-प्रलम्ब ग्रीवा
अवनत हो रही है आज तुमसे महाराज,
मोगल-दल-विगलित-बल हो रहे हैं राजपूत,
बाबर के वंश की
देखो आज राजलक्ष्मी
प्रखर से प्रखरतर-प्रखरतम दीखती
दुपहर की धूप-सी,
दुर्मद ज्यों सिन्धुनाद
और तुम उसके साथ वर्षा की बाढ़ ज्यों
भरते हो प्रबल वेग प्लावन का,
बहता है देश निज
धन-जन-कुटुम्ब-भाई—
अपने सहोदर-मित्र,
निःसहाय, त्रस्त भी, उपायशून्य !
वीरता की गोद पर
मोद भरनेवाले शूर तुम,
मेधा के महान्,
राजनीति में हो अद्वितीय जयसिंह,
सेवा हो स्वीकृत,
है नमस्कार, साथ ही
आसीस है बार-बार ।
कारण संसार के विश्व-रूप,
तुम पर प्रसन्न हों,
हृदय की आँखें दें,
देखो तुम न्याय-मार्ग ।
सुना है मैंने, तुम
सेना से पाट दक्षिणा-पथ को

आये हो मुझ पर चढ़ाई कर,
जय-श्री जयसिंह !
मोगल-सिंहासन के—
औरंग के पैरों के नीचे तुम रक्खोगे,
काढ़ देना चाहते हो दक्षिण के प्राण—
मोगलों को तुम जीवनदान !
काढ़ हिन्दुओं का हृदय
सदय ऐसे ! कीर्ति से
जाओगे अपनी पताका ले ।
हाय री यशोलिप्सा !
अन्धे की दिवस तू,—
अन्धकार रात्रि-सी
लपट में झपट
प्यासों मरनेवाले मृग की मरीचिका है ।
चेतो वीर,
हो अधीर जिसके लिए,
अमृत नहीं, गरल है—
अति कटु हलाहल है,
कीर्ति-शोणिमा में यह
कालिमा कलंक की
दीखती है छिपी हुई—
काला कर देगी मुख,
देश होगा विगत-सुख, विमुख भी,
धर्म को सहेगा नहीं इतना यह अत्याचार,
करो कुछ विचार,
तुम देखो वस्त्रों की ओर,
शराबोर किसके खून से ये हुए ?

लालिमा क्या है कहीं कुछ ?
भ्रम है वह,
सत्य कालिमा ही है ।
दोनों लोक कहेंगे,
होता तू जानदार,
हिन्दुओं पर हरगिज तू
न कर सकता प्रहार ।
अगर निज नाम से, बाहुबल से
चढ़कर तुम आते कहीं दक्षिण में
विजय के लिए, वीर,
पत्र-से प्रभात के
इन नयन-पलकों को,
राह पर तुम्हारी मैं
सुख से बिछा देता—
सीस भी झुका देता सेवा में,
साथ भी होता वीर,
रक्षक शरीर का, हमरकाब,
साथ लेता सेना निज,
सागराम्बरा भूमि
क्षत्रियों की जीतकर,
विजय सिंहासन-श्री
सौंपता तुम्हें मैं—
स्मृति-सी निज प्रेम की ।
किन्तु तुम आये नहीं अपने लिए,
आये हो औरंगशाह को
देने मृदु अंग निज काटकर ।
धोखा दिया है यह

उसने तुम्हें क्या ही !—
दगाबाज, लाज जो उतारता है
मरजादवालों की,
खूब बहकाया तुम्हें !
सोचता हूँ अपना कर्त्तव्य अब—
देश का उद्देश,
पर, क्या करूँ मैं,
निश्चय कुछ होता नहीं—
द्विधा में पड़े हैं प्राण ।
अगर मैं मिलता हूँ,
'डरकर मिला है'
यह शत्रु मेरे कहेंगे—
नहीं यह मर्दानगी ।
समय की बाट कभी
जोहते नहीं हैं पुरुष—
पुरुषकार उपहार में है संयोग से
जिन्हें मिला—
सिंह भी क्या स्वाँग कभी करता है स्यार का ?
लूँ गर तलवार
तो धार पर बहेगा खून
दोनों ओर हिन्दुओं का, अपना ही ।
उठता नहीं है हाथ मेरा कभी नरनाथ,
देख हिन्दुओं को ही रण में, विपक्ष में ।
हाय री दासता ! पेट के लिए ही—
लड़ते हैं भाई-भाई—
कोई तुम ऐसा भी कीर्तिकामी ।
वीरवर ! समर में

धर्म-घातकों से ही खेलती है रण-क्रीड़ा
मेरी तलवार, निकल म्यान से।
आये होते कहीं तुर्क इस समर में,
तो क्या, शेरमर्दों के वे शिकार आये होते ?
किन्तु हाय !
न्याय-धर्म-वञ्चित वह
पापी औरंगजेब—
राक्षस निरा जो नर-रूप का,
समझ लिया खूब जब,
दाल है गली नहीं
अफजलखाँ के द्वारा,
कुछ न बिगाड़ सका शाइश्तः खान आकर,
सीस पर तुम्हारे तब
सेहरा समर का बाँध
भेजा है फतहयाब होने को दक्षिण में।
शक्ति उसे है नहीं
चोटें सहने की यहाँ
वीर शेरमर्दों की।
सोचो तुम,
उठती जब नग्न तलवार है स्वतन्त्रता की,
कितने ही भावों से
याद दिला घोर दुःख दारुण परतन्त्रता का,
फूँकती स्वतन्त्रता निज मन्त्र से जब व्याकुल कान,
कौन वह सुमेरु, रेणु-रेणु जो न हो जाय ?
इसीलिए दुर्जय है हमारी शक्ति !
और भी—
तुम्हें यहाँ भेजा जो

कारण क्या रण का ?
एक यही निस्सन्देह,
हिन्दुओं में बलवान्
एक भी न रह जाय।
लुप्त हो हमारी शक्ति
तुर्कों की विजय की।
आपस में लड़कर, हो घायल मरेंगे सिंह
जंगल में गीदड़ ही गीदड़ रह जायँगे—
भोगेंगे राज्य-सुख।
गुप्त भेद एकमात्र
है यही औरंग का,
समझो तुम,
बुद्धि में इतना भी नहीं पैठता ?
जादू के मारे, हाय,
हारे तुम बुद्धि भी ?
समझो कि कैसा बहकाया है ?
मिला है तुम्हें
गन्ध-व्याकुल-समीर-मन्द-स्पर्श सरस,
साथ मरुभूमि में
सेना के संग तुम
झुलस भी चुके हो खूब
लू के तप्त झोंकों में।
सुख और दुःख के
कितने ही चित्र तुम देख चुके।
फूलों की सेज पर सोये हो,
काँटों की राह भी आह भर पार की।
काफी ज्ञान, वयोवृद्ध !

पाया है तुमने संसार का ।
सोचो जरा,
क्या तुम्हें उचित है कभी
लोहा लो अपने ही भाइयों से ?
अपने ही खून की
अञ्जलि दो पूर्वजों को,
धर्म-जाति के ही लिए
दिये हों जिन्होंने प्राण—
कैसा यह ज्ञान है !
धीमान् कहते हैं तुम्हें लोग,
जयसिंह, सिंह हो तुम
खेलो शिकार खूब हिरनों का,
याद रहे—
शेर कभी मारता नहीं है शेर,
केसरी
अन्य वन्य पशुओं का शिकार करता है ।
सिंहों के साथ ही
चाहते हो गृह-कलह ?—
जयसिंह ?
अगर हो शानदार,
जानदार है यदि अश्व वेगंवान्,
बाहुओं में बहता है
क्षत्रियों का खून यदि,
हृदय में जागती है वीर, यदि
माता क्षत्राणी की दिव्यमूर्ति
स्फूर्ति यदि अंग-अंग को है उकसा रही,
आ रही है याद यदि अपनी मरजाद की,

चाहते हो यदि कुछ प्रतिकार
तुम रहते तलवार के म्यान में,
आओ वीर, स्वागत है,
सादर बुलाता हूँ ।
हैं जो बहादुर समर के,
वे मरके भी माता को बचायेंगे ।
शत्रुओं के खून से
धो सके यदि एक भी तुम माँ का दाग,
कितना अनुराग देशवासियों का पाओगे !—
निर्जर हो जाओगे, अमर कहलाओगे ।
क्या फल है,
बाहुबल से, छल से या कौशल से
करके अधिकार किसी
भीरु पीनोरु नतनयना नवयौवना पर,
सौंपो यदि भय से उसे
दूसरे कामातुर किसी लोलुप प्रतिद्वन्द्वी को ?
देख क्या सकोगे तुम
सामने तुम्हारे ही
अर्जित तुम्हारी उस प्यारी सम्पत्ति पर
प्राप्त करे दूसरा ही
भोग-संयोग निज आँख दिखा ?
और तुम वीर हो ?—
रहते तूणीर में तीर, अहो,
छोड़ा कब क्षत्रियों ने अपना भाग ?—
रहते प्राण—कटि में कृपाण के ?
सुना नहीं तुमने क्या वीरों का इतिहास ?
पास ही तो—देखो,

क्या कहता चित्तौड़-गढ़ ?
मढ़ गये ऐसे तुम तुर्कों में ?
करते अभिमान भी किन पर ?
विदेशियों-विधर्मियों पर ?
काफिर तो कहते न होंगे कभी तुम्हें वे ?
विजित भी न होगे तुम औ' गुलाम भी नहीं ?
कैसा परिणाम यह सेवा का !—
लोभ भी न होगा तुम्हें मेवा का महाराज !
बादल घिर आये जो विपत्तियों के क्षत्रियों पर,
रहती सदा ही जो आपदा,
क्या कभी कोशिश भी की कोई तुमने बचाने की ?
जानते हो, वीर छत्रसाल पर
होगा मोगलों का बहुत शीघ्र ही वज्र-प्रहार ।
दूसरे भी मलते हैं हाथ,
हैं अनाथ हिन्दू,
असहनीय हो रहा है अत्याचार ।
सच है, मोगलों से
सम्बन्ध हुआ है तुम्हारा,
किन्तु क्या अन्ध भी तुम हो गये ?
राक्षस पर रखते हो नीति का भरोसा तुम,
तृष्णा, स्वार्थसाधना है जिसकी—
निज भाइयों के खून से,
प्राणों से पिता के जो शक्तिमान् है हुआ ?
नहीं जानते हो तुम ?
आड़ राजभक्ति की
लेना ही इष्ट यदि,
सोचो तुम,

शाहजहाँ से तुमने कैसा बर्ताव किया।
दी है विधाता ने बुद्धि यदि तुम्हें कुछ—
वंश का बचा हुआ यदि कुछ पुरुषत्व है—
तत्व है,
तपा तलवार सन्ताप से निज जन्म-भू के
दुःखियों के आँसुओं से
उस पर पानी दो।
अवसर नहीं है यह
लड़ने का आपस में,
खाली मैदान पड़ा हिन्दुओं का महाराज,
बलिदान चाहती है जन्म-भूमि,
खेलोगे जान ले हथेली पर ?
धन-जन-देवालय
देव-देश-द्विज-दारा-बन्धु
ईधन हैं हो रहे तृष्णा की भट्ठी में—
हद है अब हो चुकी।
और भी कुछ दिनों तक
जारी रहा ऐसा यदि अत्याचार, महाराज,
निश्चय है हिन्दुओं की
कीर्ति उठ जायेगी—
चिह्न भी न हिन्दू-सभ्यता का रह जायगा।
कितना आश्चर्य है !
मुट्ठी-भर मुसलमान
पले आंतक से हैं भारत के अंक पर।
अपनी प्रभुता में हैं मानते इस देश को,
विशृंखल तुम-सा यह हो रहा।
देखते नहीं हो क्या,

कैसी चाल चलता है रण में औरंगजेब ?
बहुरूपी, रंग बदला ही किया।
साँकलें हमारी हैं
जकड़ रहा है वह जिनसे हिन्दुओं के पैर।
हिन्दुओं के काटता है सीस
हिन्दुओं की तलवार ले।
याद रहे, बरबाद जाता है हिन्दू-धर्म,
हिन्दुस्तान।
मरजाद चाहती है आत्मत्याग—
शक्ति चाहती है अपनाव, प्रेम।
क्षिप्त हो रहे हैं जो
खण्डशः क्षीण, क्षीणतर हुए—
आप ही हैं अपनी सीमा के राजराजेश्वर,
भाइयों के शेर और क्रीतदास तुर्कों के,
उद्धत-विवेक-शून्य,
चाहिए उन्हें कि रूप अपना वे पहचानें,
मिल जायँ जल से ज्यों जलराशि,
देखो फिर तुर्कशक्ति कितनी देर टिकती है।
संगठित हो जाओ—
आओ, बाहुओं में भर
भूले हुए भाइयों को,
अपनाओ अपना आदर्श तुम।
चाहिए हमें कि
तदबीर औ' तलवार पर
पानी चढ़ावें खूब,
क्षत्रियों की क्षिप्त शक्ति
कर लें एकत्र फिर,

बादल के दल मिलकर
घेरते धरा को ज्यों,
प्लावित करते हैं निज जीवन से जीवों को ।
ईंट का जवाब हमें पत्थर से देना है,
तुर्कों को तुर्की में,
घूँसे से थप्पड़ का ।

यदि तुम मिल जाओ महाराज जसवन्तसिंह से,
हृदय से कलुष धो डालो यदि,
एकता के सूत्र में
यदि तुम गुँथो फिर महाराज राजसिंह से,
निश्चय है,
हिन्दुओं की लुप्त कीर्ति
फिर से जग जायगी,
आयेगी महाराज भारत की गई ज्योति,
प्राची के भाल पर स्वर्ण-सूर्योदय होगा,
तिमिर-आवरण फट जायगा मिहिर से,
भीति-उत्पात सब रात के दूर होंगे ।
घेर लो सब कोई,
शेर कुछ नहीं है वह,
मुट्ठी-भर उसके सहायक हैं,
दबकर पिस जायँगे ।
शत्रु को मौका न दो,
अरे, कितना समझाऊँ मैं ?
तुमने ही रेणु को सुमेरु बना रक्खा है ।
महाराज !
नीच कामनाओं को सींचने के ही लिए

पल्लवित विष-वल्लरी को करने के हेतु,
मोगलों की दासता के
पाश मालाएँ हैं
फूलों की आज तुम्हें।
छोड़ो यह हीनता,
साँप आस्तीन का
फेंको दूर,
मिलो भाइयों से, व्याधि
भारत की कट जाय।
बँधे हो, बहा दो न
मुक्त तरंगों में प्राण,
मान, धन, अपनापन;
कब तक तुम तट के निकट
खड़े हुए चुपचाप
प्रखर उत्ताप के फूल-से रहोगे म्लान
मृतक, निष्प्राण, जड़।
टूट पड़ो, बह जाओ—
दूर तक फैलाओ अपनी श्री, अपना रंग,
अपना रूप, अपना राग।
व्यक्तिगत भेद ने छीन ली हमारी शक्ति।
कर्षण-विकर्षण-भाव
जारी रहेगा यदि
इसी तरह आपस में,
नीचों के साथ यदि
उच्च जातियों की घृणा,
द्वन्द्व, कलह, वैमनस्य,
क्षुद्र ऊर्मियों की तरह

टक्करें लेते रहे, तो
निश्चय है,
वेग उन तंरगों का और घट जायगा—
क्षुद्र से वे क्षुद्रतर होकर मिट जायँगी,
चञ्चलता शान्त होगी,
स्वप्न-सा विलीन हो जायगा अस्तित्व सब,
दूसरी ही कोई तंरग फिर फैलेगी ।
चाहते हो क्या तुम
सनातन-धर्म-धारा शुद्ध
भारत से बह जाय चिरकाल के लिए ?
महाराज !
जितनी विरोधी शक्तियों से
हम लड़ रहे हैं आपस में
सच मानो खर्च है यह
शक्तियों का व्यर्थ ही ।
मिथ्या नहीं,
रहती है जीवों में विरोधी शक्ति;
पिता से पुत्र का,
पति का सहधर्मिणी से
जारी सदा ही है, कर्षण-विकर्षण-भाव
और यही जीवन है—सत्ता है;
किन्तु तो भी
कर्षण बलवान् है
जब तक मिले हैं वे आपस में—
जब तक सम्बन्ध का ज्ञान है—
जब तक वे हँसते हैं, रोते हैं
एक-दूसरे के लिए ।

एक-एक कर्षण में
बँधा हुआ चलता है
एक-एक छोटा परिवार
और उतनी ही सीमा में
बँधा है अगाध प्रेम—
धर्म-भाषा-वेश का,
और है विकर्षणमय
सारा संसार हिन्दुओं के लिए !
धोखा है अपनी ही छाया से !
ठगते वे अपने ही भाइयों को,
लूटकर उन्हें ही वे भरते हैं अपना घर ।
सुख की छाया में फिर रहते निश्चिन्त हो
स्वप्न में भिखारी ज्यों ।
मृत्यु का क्या और कोई होगा रूप ?
सोचो कि कितनी नीचता है आज
हिन्दुओं में फैली हुई ।
और यदि एकीभूत शक्तियों से एक ही
बन जाय परिवार,
फैले समवेदना,
एक ओर हिन्दू एक ओर मुसलमान हों,
व्यक्ति का खिंचाव यदि जातिगत हो जाय,
देखो परिणाम फिर,
स्थिर न रहेंगे पैर यवनों के,
पस्त हौसला होगा—
ध्वस्त होगा साम्राज्य ।
जितने विचार आज
मारते तरंगें हैं

साम्राज्यवादियों की भोग-वासनाओं में,
नष्ट होंगे चिरकाल के लिए ।
आयेगी भाल पर भारत की गई ज्योति,
हिन्दुस्तान मुक्त होगा घोर अपमान से,
दासता के पाश कट जायँगे ।
मिलो राजपूतों से,
घेरो तुम दिल्ली-गढ़,
तब तक मैं दोनों सुलतानों को देख लूँ ।
सेना घन-घटा-सी,
मेरे वीर सरदार घेरेंगे गोलकुण्डा, बीजापुर,
चमकेंगे खड्ग सब विद्युद्द्युति बार-बार,
खून की पियेंगी धार
संगिनी सहेलियाँ भवानी की,
धन्य हूँगा, देव-द्विज-देश को
सर्वस्व सौंपकर निज ।

1922 ई.

यमुना के प्रति

स्वप्नों-सी उन किन आँखों की
पल्लव-छाया में अम्लान
यौवन की माया-सा आया
मोहन का सम्मोहन ध्यान ?

गन्धलुब्ध किन अलिबालों के

मुग्ध हृदय का मृदु गुञ्जार
तेरे दृग-कुसुमों की सुषमा
जाँच रहा है वारम्वार ?

यमुने, तेरी इन लहरों में
किन अधरों की आकुल तान
पथिक-प्रिया-सी जगा रही है
उस अतीत के नीरव गान ?

बता, कहाँ अब वह वंशीवट ?
कहाँ गये नटनागर श्याम ?
चल-चरणों का व्याकुल पनघट
कहाँ आज वह वृन्दाधाम ?

कभी यहाँ देखे थे जिनके
श्याम-विरह से तप्त शरीर,
किस विनोद की तृषित गोद में
आज पोंछतीं वे दृग-नीर ?

रञ्जित सहज सरल चितवन में
उत्कण्ठित सखियों का प्यार
क्या आँसू-सा ढुलक गया वह
विरह-विधुर उर का उद्‌गार ?

तू किस विस्मृति की वीणा से
उठ-उठकर कातर झंकार
उत्सुकता से उकता - उकता

खोल रही स्मृति के दृढ़ द्वार ?

अलस प्रेयसी - सी स्वप्नों में
प्रिय की शिथिल सेज के पास
लघु लहरों के मधुर स्वरों में
किस अतीत का गूढ़ विलास ?

उर-उर में नूपुर की ध्वनि-सी
मादकता की तरल तंरग
विचर रही है मौन पवन में
यमुने, किस अतीत के संग ?

किस अतीत का दुर्जय जीवन
अपनी अलकों में सुकुमार
कनक-पुष्प-सा गूँथ लिया है
किसका है यह रूप अपार ?

निर्निमेष नयनों में छाया
किस विस्मृति - मदिरा का राग
जो अब तक पुलकित पलकों से
छलक रहा यह विपुल सुहाग ?

मुक्त हृदय के सिंहासन पर
किस अतीत के ये सम्राट्
दीप रहे जिनके मस्तक पर
रवि - शशि - तारे - विश्व - विराट ?

निखिल विश्व की जिज्ञासा - सी
आशा की तू झलक अमन्द
अन्तःपुर की निज शय्या पर
रच - रच मृदु छन्दों के बन्द

किस अतीत के स्नेह - सुहृद को
अर्पण करती तू निज ध्यान---
ताल - ताल के कम्पन से द्रुत
बहते हैं ये किसके गान ?

विहगों की निद्रा से नीरव
कानन के संगीत अपार,
किस अतीत के स्वप्न - लोक में
करते हैं मृदु - पद - संचार

मुग्धा के लज्जित पलकों पर
तू यौवन की छवि अज्ञात,
आँख - मिचौनी खेल रही है
किस अतीत शिशुता के साथ ?

किस अतीत सागर - संगम को
बहते खोल हृदय के द्वार
वोहित के हित सरल अनिल - से
नयन - सलिल के स्रोत अपार ?

उस सलज्ज ज्योत्स्ना - सुहाग की
फेनिल शय्या पर सुकुमार,

उत्सुक, किस अभिसार निशा में,
गयी कौन स्वप्निल पर मार ?

उठ - उठकर अतीत - विस्मृति से
किसकी स्मिति यह—किसका प्यार,
तेरे श्याम कपोलों में खुल
कर जाती है चकित विहार ?

जीवन की इस सरस सुरा में,
कह, यह किसका मादक राग
फूट पड़ा तेरी ममता में
जिसकी समता का अनुराग ?

किन नियमों के निर्मम बन्धन
जग की संसृति का परिहास
कर बन जाते करुणा - क्रन्दन ?—
कह, वे किसके निर्दय पाश ?

कलियों की मुद्रित पलकों में
सिसक रही जो गन्ध अधीर
जिसकी आतुर दुख - गाथा पर
ढुलकाते पल्लव - दृग नीर,

बता, करुण - कर - किरण बढ़ाकर
स्वप्नों का सचित्र संसार
आँसू पोंछ दिखाया किसने
जगती का रहस्यमय द्वार ?

जागृति के इस नव जीवन में
किस छाया का माया - मन्त्र
गूँज - गूँज मृदु खींच रहा है
अलि, दुर्बल जन का मन - यन्त्र ?

अलि, अलकों के तरल तिमिर में
किसकी लोल लहर अज्ञात
जिसके गूढ़ मर्म में निश्चित
शशि - सा मुख ज्योत्स्ना - सी गात ?

कह, सोया किस खंजन - वन में
उन नयनों का अंजन - राग ?
बिखर गये अब किन पातों में
वे कदम्ब - मुख - स्वर्ण - पराग ?

चमक रहे अब किन तारों में
उन हारों के मुक्ता - हीर ?
बजते हैं अब किन चरणों में
वे अधीर नूपुर - मंजीर ?

किस समीर से काँप रही वह
वंशी की स्वर - सरित - हिलोर ?
किस वितान से तनी प्राण तक
छू जाती वह करुण मरोर ?

खींच रही किस आशा - पथ पर
यौवन की वह प्रथम पुकार

सींच रही लालसा - लता निज
किस कंकण की मृदु झंकार ?

उमड़ चला है कह किस तट पर
क्षुब्ध प्रेम का पारावार ?
किसकी विकच वीचि - चितवन पर
अब होता निर्भय अभिसार ?

भटक रहे हैं किसके मृग - दृग ?
बैठी पथ पर कौन निराश ?—
मारी मरु - मरीचिका की - सी
ताक रही उदास आकाश ।

हिला रहा अब कुंजों के किन
द्रुम - पुंजों का हृदय कठोर
विगलित विफल वासनाओं से
क्रन्दन - मलिन पुलिन का रोर ?

किस प्रसाद के लिए बढ़ा अब
उन नयनों का विरस विषाद ?
किस अजान में छिपा आज वह
श्याम गगन का घन उन्माद ?

कह, किस अलस मराल - चाल पर
गूँज उठे सारे संगीत
पद - पद के लघु ताल - ताल पर
गति स्वच्छन्द, अजीत अभीत ?

स्मित - विकसित नीरज नयनों पर
स्वर्ण - किरण - रेखा अम्लान
साथ - साथ प्रिय तरुण अरुण के
अन्धकार में छिपी अजान !

किस दुर्गम गिरि के कन्दर में
डूब गया जग का निःश्वास ?
उतर रहा अब किस अरण्य पर
दिनमणि - हीन अस्त आकाश ?

आप आ गया प्रिय के कर में
कह, किसका वह कर सुकुमार
विटप - विहग ज्यों फिरा नीड़ में
सहम तमिस्र देख संसार ?

स्मर - सर के निर्मल अन्तर में
देखा था जो शशि प्रतिभात,
छिपा लिया है उसे जिन्होंने
हैं वे किस घन वन के पात ?

कहाँ आज वह निद्रित जीवन
बँधा बाहुओं में भी मुक्त ?
कहाँ आज वह चितवन चेतन
श्याम - मोह - कज्जल - अभियुक्त ?

वह नयनों का स्वप्न मनोहर

हृदय - सरोवर का जलजात,
एक चन्द्र निस्सीम व्योम का,
वह प्राची का विमल प्रभात,

वह राका की निर्मल छवि, वह
गौरव रवि, कवि का उत्साह,
किस अतीत से मिला आज वह
यमुने, तेरा सरस प्रवाह ?

खींच रहा है मेरा मन वह
किस अतीत का इंगित मौन
इस प्रसुप्ति से जगा रही जो
बता, प्रिया - सी है वह कौन ?

वह अविकार निविड़-सुख-दुख-गृह,
वह उच्छृंखलता उद्दाम,
वह संसार भीरु - दृग - संकुल,
ललित - कल्पना - गति अभिराम,

वह वर्षों का हर्षित क्रीड़न,
पीड़न का चंचल संसार,
वह विलास का लास - अंक, वह
भृकुटि कुटिल प्रिय - पथ का पार;

वह जागरण मधुर अधरों पर,
वह प्रसुप्ति नयनों में लीन,
मुग्ध मौन मन में सुख - उन्मुख,

आकर्षणमय नित्य नवीन,

वह सहसा सजीव कम्पन - द्रुत
सुरभि - समीर, अधीर वितान,
वह सहसा स्तम्भित वक्षःस्थल,
टलमल पद, प्रदीप निर्वाण,

गुप्त - रहस्य - सृजन - अतिशय श्रम,
वह क्रम - क्रम से संचित ज्ञान,
स्खलित-वसन-तनु-सा तनु अभरण,
नग्न, उदास, व्यथित अभिमान;

वह मुकुलित लावण्य लुप्तमधु,
सुप्त पुष्प में विकल विकास,
वह सहसा अनुकूल प्रकृति के
प्रिय दुकूल में प्रथम प्रकाश;

वह अभिराम कामनाओं का
लज्जित उर, उज्ज्वल विश्वास,
वह निष्काम दिवा - विभावरी,
वह स्वरूप - मद - मंजुल हास;

वह सुकेश - विस्तार कुंज में
प्रिय का अति - उत्सुक सन्धान,
तारों के नीरव समाज में,
यमुने, यह तेरा मृदु गान;

वह अतृप्त आग्रह से सिंचित
विरह - विटप का मूल मलीन
अपने ही फूलों से वंचित
वह गौरव - कर निष्प्रभ, क्षीण;

वह निशीथ की नग्न वेदना,
दिन की दम्य दुराशा आज
कहाँ अँधेरे का प्रिय - परिचय,
कहाँ दिवस की अपनी लाज ?

उदासीनता गृह - कर्मों में,
मर्म - मर्म में विकसित स्नेह,
निरपराध हाथों में छाया
अंजन - रंजन - भ्रम, सन्देह;

विस्मृत - पथ - परिचायक स्वर से
छिन्न हुए सीमा - दृढ़ पाश,
ज्योत्स्ना के मण्डप में निर्भय
कहाँ हो रहा है वह रास ?

वह कटाक्ष - चंचल यौवन - मन
वन - वन प्रिय - अनुसरण - प्रयास
वह निष्पलक सहज चितवन पर
प्रिय का अचल अटल विश्वास;

अलक - सुगन्ध - मदिर सरि - शीतल
मन्द अनिल, स्वच्छन्द प्रवाह,

वह विलोल हिल्लोल चरण, कटि,
भुज, ग्रीवा का वह उत्साह;

मत्त - भृंग - सम संग - संग तम-
तारा मुख - अम्बुज - मधु - लुब्ध,
विकल विलोड़ित चरण - अंक पर
शरण - विमुख नूपुर उर क्षुब्ध;

वह संगीत विजय - मद - गर्वित
नृत्य - चपल अधरों पर आज
वह अजीत - इंगित मुखरित - मुख
कहाँ आज वह सुखमय साज ?

वह अपनी अनुकूल प्रकृति का
फूल, वृन्त पर विकच अधीर,
वह उदार, सम्वाद विश्व का
वह अनन्त नयनों का नीर,

वह स्वरूप - मध्याह्न - तृषा का
प्रचुर आदि - रस, वह विस्तार
सकल प्रेम का, जीवन के वह
दुस्तर सर - सागर का पार;

वह अंजलि कलिका की कोमल,
वह प्रसून की अन्तिम दृष्टि,
वह अनन्त का ध्वंस सान्त, वह
सान्त विश्व की अगणित सृष्टि;

वह विराम - अलसित पलकों पर
सुधि की चंचल प्रथम तरंग,
वह उद्दीपन, वह मृदु कम्पन,
वह अपनापन, वह प्रिय - संग,

वह अज्ञात पतन लज्जा का
स्खलन शिथिल घूँघट का देख
हास्य - मधुर निर्लज्ज उक्ति वह,
वह नव यौवन का अभिषेक;

मुग्ध रूप का वह क्रय - विक्रय;
वह विनिमय का निर्दय भाव,
कुटिल करों को सौंप सुहृद - मन,
वह विस्मरण, मरण, वह चाव,

असफल छल की सरल कल्पना,
ललनाओं का मृदु उद्‌गार
बता, कहाँ विक्षुब्ध हुआ वह
दृढ़ यौवन का पीन उभार;

उठा तूलिका मृदु चितवन की,
भर मन की मदिरा में मौन,
निर्निमेष नभ - नील - पटल पर
अटल खींचती छवि, वह कौन ?

कहाँ यहाँ अस्थिर तृष्णा का
बहता अब वह स्रोत अजान ?

कहाँ हाय निरुपाय तृणों से
बहते अब वे अगणित प्राण ?

नहीं कहीं नयनों में पाया
कहीं समाया वह अपराध,
कहाँ यहाँ अधिकृत अधरों पर
उठता वह संगीत अबाध ?

मिली विरह के दीर्घ श्वास से
बहती नहीं कहीं बातास,
कहाँ सिसककर मलिन मर्म में
मुरझा जाता वह निःश्वास ?

कहाँ छलकते अब वैसे ही
व्रज - नागरियों के गागर ?
कहाँ भीगते अब वैसे ही
बाहु, उरोज, अधर, अम्बर ?

बँधा बाहुओं में घट क्षण - क्षण
कहाँ प्रकट बकता अपवाद ?
अलकों को, किशोर पलकों को
कहाँ वायु देती सम्वाद ?

कहाँ कनक - कोरों के नीरव,
अश्रु - कणों में भर मुसकान,
विरह - मिलन के एक साथ ही
खिल पड़ते वे भाव महान !

कहाँ सूर के रूप - बाग के
दाड़िम, कुन्द, विकच अरविन्द,
कदली, चम्पक, श्रीफल, मृगशिशु,
खंजन, शुक, पिक, हंस, मिलिन्द !

एक रूप में कहाँ आज वह
हरि - मृग का निर्वैर विहार,
काले नागों से मयूर का
बन्धु - भाव, सुख सहज अपार !

पावस की प्रगल्भ धारा में
कुंजों का वह कारागार,
अब जग के विस्मित नयनों में
दिवस - स्वप्न - सा पड़ा असार !

द्रव - नीहार अचल - अधरों से
गल - गल गिरि उर के सन्ताप
तेरे तट से अटक रहे थे
करते अब सिर पटक विलाप;

विवश दिवस के - से आवर्त्तन
बढ़ते हैं अम्बुधि की ओर,
फिर - फिर फिर भी ताक रहे हैं
कोरों में निज नयन मरोर !

एक रागिनी रह जाती जो
तेरे तट पर मौन उदास,

स्मृति - सी भग्न भवन की, मन को
दे जाती अति क्षीण प्रकाश ।

टूट रहे हैं पलक - पलक पर
तारों के ये जितने तार
जग के अब़ तक के रागों से
जिनमें छिपा पृथक् गुंजार,

उन्हें खींच निस्सीम व्योम की
वीणा में कर कर झंकार,
गाते हैं अविचल आसन पर
देवदूत जो गीत अपार,

कम्पित उनके करुण करों में
तारक तारों की - सी तान
बता, बता, अपने अतीत के
क्या तू भी गाती है गान ?

1922 ई.

स्मृति

जटिल जीवन - नद में तिर - तिर
डूब जाती हो तुम चुपचाप,
सतत द्रुत गतिमयि अयि ! फिर - फिर,
उमड़ करती हो प्रेमालाप;

सुप्त मेरे अतीत के गान
सुना, प्रिय, हर लेती हो ध्यान !

सफल जीवन के सब असफल,
कहीं की जीत, कहीं की हार,
जगा देता मधु - गीत सकल
तुम्हारा ही निर्मम झंकार;

वायु - व्याकुल शतदल - सा हाय !
विकल रह जाता हूँ निरुपाय !

मुक्त शैशव मृदु - मधुर मलय,
स्नेह - कम्पित किसलय नवगात,
कुसुम अस्फुट नव - नव संचय,
मृदुल वह जीवन कनक - प्रभात;

आज निद्रित अतीत में बन्द
ताल वह, गति वह, लय वह छन्द !

आँसुओं से कोमल झर - झर
स्वच्छ - निर्झर - जल - कण से प्राण
सिमट सट - सट अन्तर भर - भर
जिसे देते थे जीवन - दान;

वही चुम्बन की प्रथम हिलोर
स्वप्न - स्मृति, दूर, अतीत, अछोर !

पली सुख - वृन्तों की कलियाँ—
विटप उर की अवलम्बित हार—
विजन - मन - मुदित सहेलरियाँ—
स्नेह - उपवन की सुख, शृंगार,

आज खुल - खुल गिरतीं असहाय,
विटप वक्षःस्थल से निरुपाय !

मूर्ति वह यौवन की बढ़ - बढ़—
एक अश्रुत भाषा की तान,
उमड़ चलती फिर - फिर अड़ - अड़
स्वप्न - सी जड़ नयनों में मान;

मुक्त - कुन्तल, मुख व्याकुल लोल
प्रणय - पीड़ित वे अस्फुट बोल !

तृप्ति वह तृष्णा की अविकृत,
स्वर्ग आशाओं की अभिराम,
क्लान्ति की सरल मूर्ति निद्रित,
गरल की अमृत, अमृत की प्राण;

रेणु वह किस दिगन्त में लीन
वेणु ध्वनि - सी न शरीराधीन !

सरल - शैशव - श्री सुख - यौवन
केलि अलि - कलियों की सुकुमार,
अशंकित नयन, अधर - कम्पन,
हरित - हृत् - पल्लव - नव शृंगार;

दिवस-द्युति छवि निरलस अविकार,
विश्व की श्वसित छटा- विस्तार !

नियति - सन्ध्या में मूँदे सकल
वही दिनमणि के अगणित साज,
न हैं वे कुसुम, न वह परिमल
न हैं वे अधर, न है वह लाज !

तिमिर - ही - तिमिर रहा कर पार
लक्ष - वक्षःस्थलार्गलित द्वार !

उषा - सी क्यों तुम कहो, द्विदल
सुप्त पलकों पर कोमल हाथ
फेरती हो ईप्सित मंगल,
जगा देती हो वही प्रभात !

वही सुख, वही भ्रमर - गुंजार,
वही मधु - गलित पुष्प - संसार !

जगत - उर की गत अभिलाषा,
शिथिल तन्त्री की सोई तान,
दूर विस्मृति की मृत भाषा,
चिता की चिरता का आह्वान,

जगाने में है क्या आनन्द ?
शृंखलित गाने में क्या छन्द ?

मुँदी जो छवि चलते दिन की
शयन - मृदु नयनों में सुकुमार,
मलिन जीवन - सन्ध्या जिनकी
हो रही हो विस्मृति में पार;

चित्र वह स्वप्नों में क्यों खींच
सुरा उसमें देती हो सींच ?

छिपी जो छवि, छिप जाने दो,
खोलते हुए तुम्हें क्यों चाव ?
दुखद वह झलक न आने दो,
हमें खेने भी तो दो नाव ?

हुए क्रमशः दुर्बल ये हाथ,
दूसरे और न कोई साथ !

बँधे जीवों की बन माया,
फेरती फिरती हो दिन - रात,
दुःख - सुख के स्वर की काया,
सुनाती है पूर्व - श्रुत बात,

जीर्ण जीवन का दृढ़ संस्कार
चलाता फिर नूतन संसार !

यही तो है जग का कम्पन—
अचलता में सुस्पन्दित प्राण—
अहंकृति में झंकृति—जीवन—
सरस अविराम पतन - उत्थान—

दया - भय - हर्ष, क्रोध - अभिमान
दुःख - सुख - तृष्णा - ज्ञानाज्ञान ।

रश्मि से दिनकर की सुन्दर,
अन्ध - वारिद - उर में तुम आप
तूलिका से अपनी रचकर
खोल देती हो हर्षित चाप,

उगा नव आशा का संसार
चकित छिप जाती हो उस पार !

पवन में छिपकर तुम प्रतिपल,
पल्लवों में भर मृदुल हिलोर,
चूम कलियों के मुद्रित दल,

पत्र - छिद्रों में गा निशि - भोर
विश्व के अन्तस्तल में चाह,
जगा देती हो तड़ित - प्रवाह ।

1921 ई.

ध्वनि

अभी न होगा मेरा अन्त ।
अभी - अभी ही तो आया है
मेरे वन में मृदुल वसन्त—
अभी न होगा मेरा अन्त ।

हरे हरे ये पात,
डालियाँ, कलियाँ कोमल गात ।

मैं ही अपना स्वप्न मृदुल - कर
फेरूँगा निद्रित कलियों पर
जगा एक प्रत्यूष मनोहर ।

पुष्प-पुष्प से तन्द्रालस लालसा खींच लूँगा मैं,
अपने नव जीवन का अमृत सहर्ष सींच दूँगा मैं,
द्वार दिखा दूँगा फिर उनको
हैं मेरे वे जहाँ अनन्त—
अभी न होगा मेरा अन्त ।

मेरे जीवन का यह है जब प्रथम चरण,

इसमें कहाँ मृत्यु
है जीवन ही जीवन ।

अभी पड़ा है आगे सारा यौवन;
स्वर्ण-किरण-कल्लोलों पर बहता रे यह बालक मन;

मेरे ही अविकसित राग से
विकसित होगा बन्धु दिगन्त—
अभी न होगा मेरा अन्त ।

1922 ई.

अंजलि

बन्द तुम्हारा द्वार !
मेरे सुहाग-शृंगार !

द्वार यह खोलो—!
सुनी भी मेरी करुण पुकार ?
जरा कुछ बोलो !
स्नेह-रत्न, मैं बड़े यत्न से आज
कुसुमित कुंज-द्रुमों से सौरभ-साज
संचित कर लाई, पर कब से वंचित !
तुम ले लो, प्रिय, ले लो, ले लो—यह हार नहीं,
यह नहीं प्यार का मेरे,
कोई अमूल्य उपहार,—
नहीं कहीं भी इसमें आया

मेरा नाम निशान,
और मुझे क्यों होगा भी अभिमान ?
पर नहीं जानती, अगर सुमन-मन-मध्य,
समायी भी हो मेरी लाज,
माला के पड़ते ही वीर, हृदय पर,
छीने तुमसे मेरा राज ।
विश्व-मनोरथ-पथ का मेरे प्रियतम,
बन्द किया क्यों द्वार ?

सोते हुए देखते हो तुम स्वप्न ?—
या नन्दन-वन के पारिजात दल लेकर
तुम गूँथ रहे हो और किसी का हार ?
उस विहार में पड़े हुए तुम मेरा
यों करते हो परिहार ?
बिछे हुए थे काँटे उन गलियों में
जिनसे मैं चलकर आयी,—
पैरों में छिद जाते जब
आह मार मैं तुम्हें याद करती तब
राह प्रीति की अपनी—वही कंटकाकीर्ण,
अब मैं तै कर पाई ।
पड़ी अँधेरे के घेरे में कब से
खड़ी संकुचित है कमलिनी तुम्हारी,
मन के दिनमणि, प्रेम-प्रकाश,!
उदित हो, आओ, हाथ बढ़ाओ,
उसे खिलाओ, खोलो प्रियतम द्वार,
पहन लो उसका यह उपहार,
मृदु-गन्ध परागों से उसके तुम कर दो

सुरभित प्रेम-हरित स्वच्छन्द
द्वेष-विष-जर्जर यह संसार ।

1922 ई.

दीन

सह जाते हो
उत्पीड़न की क्रीड़ा सदा निरंकुश नग्न,
हृदय तुम्हारा दुर्बल होता भग्न,
अन्तिम आशा के कानों में
स्पन्दित हम सब के प्राणों में
अपने उर की तप्त व्यथाएँ,
क्षीण कण्ठ की करुण कथाएँ
कह जाते हो
और जगत् की ओर ताककर
दुःख, हृदय का क्षोभ त्यागकर
सह जाते हो !
कह जाते हो—
''यहाँ कभी मत आना,
उत्पीड़न का राज्य, दुःख ही दुःख
यहाँ है सदा उठाना,
क्रूर यहाँ पर कहलाता है शूर;
और हृदय का शूर सदा ही दुर्बल क्रूर;
स्वार्थ सदा रहता परार्थ से दूर,
यहाँ परार्थ, वही जो रहे

स्वार्थ से ही भरपूर;
जगत् की निद्रा है, जागरण,
और जागरण, जगत् का—इस संसृति का
अन्त—विराम—मरण ।
अविराम घात-आघात,
आह ! उत्पात !
यही जग-जीवन के दिन-रात ।
यही मेरा, इनका, उनका, सबका स्पन्दन,
हास्य से मिला हुआ क्रन्दन ।
यही मेरा, इनका, उनका, सबका जीवन,
दिवस का किरणोज्ज्वल उत्थान,
रात्रि की सुप्ति, पतन;
दिवस की कर्म-कुटिल तम-भ्रान्ति,
रात्रि का मोह, स्वप्न भी भ्रान्ति,
सदा अशान्ति !"

1921 ई.

धारा

बहने दो,
रोक-टोक से कभी नहीं रुकती है,
यौवन-मद की बाढ़ नदी की
किसे देख झुकती है ?
गरज-गरज वह क्या कहती है, कहने दो—
अपनी इच्छा से प्रबल वेग से बहने दो ।

सुना, रोकने उसे कभी कुंजर आया था,
दशा हुई फिर क्या उसकी ?—
फल क्या पाया था ?
तिनका-जैसा मारा-मारा
फिरा तरंगों में बेचारा—
गर्व गँवाया—हारा;
अगर हठ-वश आओगे,
दुर्दशा करवाओगे—बह जाओगे ।
देखते नहीं ?—वेग से हहराती है—
नग्न प्रलय का-सा ताण्डव हो रहा—
चाल कैसी मतवाली—लहराती है ।
प्रकृति को देख, मींचती आँखें,
त्रस्त खड़ी है—थर्राती है ।
आज हो गए ढीले सारे बन्धन,
मुक्त हो गए प्राण,
रुका है सारा करुणा-क्रन्दन ।
बहती कैसी पागल उसकी धारा !
हाथ जोड़कर खड़ा देखता दीन
विश्व यह सारा ।
बड़े दम्भ से खड़े हुए ये भूधर
समझे थे जिसे बालिका
आज ढहाते शिला-खंड-चय देख
काँपते थर-थर—
शिला-खंड नर-मुंड-मालिनी कहते उसे कालिका ।
छुटी लट इधर-उधर लटकी हैं,
श्याम वक्ष पर खेल रही हैं
स्वर्ण-किरण-रेखाएँ।

एक पर दृष्टि जरा अटकी है,
देखा, एक कली चटकी है।
लहरों पर लहरों का चंचल नाच,
याद नहीं थी, करना उसकी जाँच,
अगर पूछता कोई तो वह कहती,
उसी तरह हँसती पागल-सी बहती—
"यह जीवन की प्रबल उमंग
जा रही मैं मिलने के लिए, पारकर सीमा,
प्रियतम असीम के संग।"

1921 ई.

आवाहन

एक बार बस और नाच तू श्यामा !
सामान सभी तैयार,
कितने ही हैं असुर, चाहिए कितने तुझको हार ?
कर-मेखला मुंड-मालाओं से बन मन-अभिरामा—
एक बार बस और नाच तू श्यामा !

भैरवी ! भेरी तेरी झंझा
तभी बजेगी मृत्यु लड़ाएगी जब तुझसे पंजा;
लेगी खड्ग और तू खप्पर,
उसमें रुधिर भरूँगा मा
मैं अपनी अंजलि भर-भर;
उँगली के पोरों में दिन गिनता ही जाऊँ क्या मा !

एक बार बस और नाच तू श्यामा !

अट्टहास-उल्लास नृत्य का होगा जब आनन्द,
विश्व की इस वीणा के टूटेंगे सब तार,
बन्द हो जाएँगे ये सारे कोमल छन्द,
सिन्धु-राग का होगा तब आलाप—
उत्ताल-तरंग-भंग में होंगे
मा, मृदंग के सुस्वर क्रिया-कलाप;
और देखूँगा देते ताल
कर-तल-पल्लव-दल से निर्जन वन के सभी तमाल;
निर्झर के झर-झर स्वर में तू सरिगम मुझे सुना मा—
एक बार बस और नाच तू श्यामा !

1922 ई.

स्वप्न-स्मृति

आँख लगी थी पल-भर,
देखा, नेत्र छलछलाए दो
आए आगे किसी अजाने दूर देश से चलकर ।
मौन भाषा थी उनकी, किन्तु व्यक्त था भाव,
एक अव्यक्त प्रभाव
छोड़ते थे करुणा का अन्तस्थल में क्षीण,
सुकुमार लता के वाताहत मृदु छिन्न पुष्प-से दीन ।
भीतर नग्न रूप था घोर दमन का
बाहर अचल धैर्य था उनके उस दुखमय जीवन का;

भीतर ज्वाला धधक रही थी सिन्धु-अनल की
बाहर थीं दो बूँदें—पर थीं शान्त भाव में निश्चल—
विकल जलधि के जर्जर मर्मस्थल की।
भाव में कहते थे वे नेत्र निमेष-विहीन—
अन्तिम श्वास छोड़ते जैसे थोड़े जल में मीन,—
"हम अब न रहेंगे यहाँ, आह संसार!
मृगतृष्णा से व्यर्थ भटकना, केवल हाहाकार
तुम्हारा एकमात्र आधार;
हमें दुःख से मुक्ति मिलेगी,—हम इतने दुर्बल हैं—
तुम कर दो एक प्रहार!"

1922 ई.

विफल-वासना

गूँथे तप्त अश्रुओं के मैंने कितने ही हार
बैठी हुई पुरातन स्मृति की मलिन गोद पर प्रियतम!
रुद्ध द्वार पर रक्खे थे मैंने कितने ही बार
अपने वे उपहार कृपा के लिए तुम्हारी अनुपम!
मेरे दग्ध हृदय का ही था ताप
प्रभाकर की उन प्रखर किरणों में,
नूपुर-सी मैं बजी तुम्हारे लिए,
तुम्हारी अनुरागिनियों के निष्ठुर चरणों में।
हँसता हुआ कभी आया जब
वन में ललित वसन्त
तरुण विटप सब हुए, लताएँ तरुणी,

और पुरातन पल्लव-दल का
शाखाओं से अन्त,
जब बढ़ीं अर्घ्य देने को तुमको
हँसती वे वल्लरियाँ,
लिये हरे अंचल में अपने फूल,
एक प्रान्त में खड़ी हुई मैं,
देख रही थी स्वागत,
चुभते पर हाय नाथ !
मर्मस्थल में जो शूल,
तुम्हें कैसे प्रिय, बतलाऊँ मैं ?
कैसे दुख-गाथा गाऊँ मैं ?
छिन्न प्रकृति के निर्दय आघातों से हो जाते हैं
जो पुष्प, नहीं कहते कुछ, केवल रो जाते हैं,
वे अपना यौवन-पराग-मधु खो जाते हैं,
अन्तिम श्वास छोड़ पृथ्वी पर सो जाते हैं !
वैसे ही मैंने अपना सर्वस्व गँवाया
रूप और यौवन चिन्ता में, पर क्या पाया ?
प्रेम ? हाय आशा का वह भी स्वप्न एक था
विफल-हृदय तो आज दुःख-ही-दुःख देखता !
तुम्हें कहूँ मैं, कहो, प्रेममय
अथवा दुख के देव, सदा ही निर्दय ?

1921 ई.

प्रपात के प्रति

अचल के चंचल क्षुद्र प्रपात !
मचलते हुए निकल आते हो;
उज्ज्वल ! घन-वन-अन्धकार के साथ
खेलते हो क्यों ? क्या पाते हो ?
अन्धकार पर इतना प्यार,
क्या जाने यह बालक का अविचार
बुद्ध का या कि साम्य-व्यवहार !
तुम्हारा करता है गतिरोध
पिता का कोई दूत अबोध—
किसी पत्थर से टकराते हो
फिरकर जरा ठहर जाते हो;
उसे जब लेते हो पहचान—
समझ जाते हो उस जड़ का सारा अज्ञान,
फूट पड़ती है ओठों पर तब मृदु मुस्कान;
बस अजान की ओर इशारा करके चल देते हो,
भर जाते हो उसके अन्तर में तुम अपनी तान ।

1921 ई.

सिर्फ एक उन्माद

सिर्फ एक उन्माद;
न था वह यौवन का अनुराग
किन्तु यौवन ही-सा उच्छृंखल,

न चंचल शिशुता का अवसाद
किन्तु शिशु ही-सा था वह चंचल;
न कोई पाया उसमें राग
जिसे गाते जीवन-भर
न कोई ऐसा तीव्र विराग
जिसे पा कहीं भूलते अपनापन यह क्षण-भर ।
अपने लिए घोर उत्पीड़न,
किन्तु क्रीड़नक था लोगों के लिए,
पक्षी का-सा जीवन
हँसमुख किन्तु ममत्वहीन निर्दय बालों के लिए,
निरलंकार कवित्व अनर्गल
किसी महाकवि-कलित-कण्ठ से
झरता था जैसे अविराम कुसुम-दल ।
जन-अपवाद गूँजता था, पर दूर,
क्योंकि उसे कब फुर्सत—सुनता ?—था वह चूर ।
न देखा उसमें कभी विषाद,
देखा सिर्फ एक उन्माद !

1922 ई.

प्रेयसी

घेर अंग-अंग को
लहरी तरंग वह प्रथम तारुण्य की,
ज्योतिर्मयि-लता-सी हुई मैं तत्काल
घेर निज तरु-तन ।

खिले नव पुष्प जग प्रथम सुगन्ध के,
प्रथम वसन्त में गुच्छ-गुच्छ ।
दृगों को रँग गई प्रथम प्रणय-रश्मि—
चूर्ण हो विच्छुरित
विश्व-ऐश्वर्य को स्फुरित करती रही
बहु रंग-भाव भर
शिशिर ज्यों पत्र पर कनक-प्रभात के,
किरण-सम्पात से ।
दर्शन-समुत्सुक युवाकुल पतंग ज्यों
विचरते मंजु-मुख
गुंज-मृदु अलि-पुंज
मुखर-उर मौन वा स्तुति-गीत में हरे ।
प्रस्रवण झरते आनन्द के चतुर्दिक्—
भरते अन्तर पुलकराशि से बार-बार
चक्राकार कलरव-तरंगों के मध्य में
उठी हुई उर्वशी-सी,
कम्पित प्रतनु-भार,
विस्तृत दिगन्त के पार प्रिय बद्ध-दृष्टि
निश्चल अरूप में ।
हुआ रूप-दर्शन
जब कृतविद्य तुम मिले
विद्या को दृगों से,
मिला लावण्य ज्यों मूर्ति को मोहकर,—
शेफालिका को शुभ्र हीरक-सुमन-हार,—
शृंगार
शुचिदृष्टि मूक रस-सृष्टि को ।
याद है, उषःकाल, —

प्रथम-किरण-कम्प प्राची के दृगों में,
प्रथम पुलक फुल्ल चुम्बित वसन्त की
मंजरित लता पर,
प्रथम विहग-बालिकाओं का मुखर स्वर—
प्रणय-मिलन-गान,
प्रथम विकच कलि वृन्त पर नग्न-तनु
प्राथमिक पवन के स्पर्श से काँपतीं;
करती विहार
उपवन में मैं, छिन्न-हार
मुक्ता-सी निःसंग,
बहु रूप-रंग वे देखतीं, सोचतीं;
मिले तुम एकाएक;
देख मैं रुक गई :—
चल पद हुए अचल,
आप ही अपल दृष्टि,
फैला समष्टि में खिंच स्तब्ध हुआ मन।
दिये नहीं प्राण जो इच्छा से दूसरे को,
इच्छा से प्राण वे दूसरे के हो गये।
दूर थी,
खिंचकर समीप ज्यों मैं हुई
अपनी ही दृष्टि में;
जो था समीप विश्व,
दूर, दूरतर दिखा।
मिली ज्योति-छबि से तुम्हारी
ज्योति-छबि मेरी,
नीलिमा ज्यों शून्य से;
बँधकर मैं रह गयी;

डूब गये प्राणों में
पल्लव-लता-भार
वन-पुष्प-तरु-हार
कूजन-मधुर चल विश्व के दृश्य सब,—
सुन्दर गगन के भी रूप-दर्शन सकल—
सूर्य-हीरकधरा प्रकृति नीलाम्बरा,
सन्देश-वाहक बलाहक विदेश के।
प्रणय के प्रलय में सीमा सब खो गयी !
बँधी हुई तुमसे ही
देखने लगी मैं फिर-
फिर प्रथम पृथ्वी को;
भाव बदला हुआ—
पहले घन-घटा वर्षण हुई;
कैसा निरंजन यह अंजन आ लग गया !
देखती हुई सहज
हो गयी मैं जड़ीभूत
जगा देहज्ञान,
फिर याद गेह की हुई;
लज्जित
उठे चरण दूसरी ओर को—
विमुख अपने से हुई !
चली चुपचाप,
मूक सन्ताप हृदय में,
पृथुल प्रणय-भार।
देखते निमेषहीन नयनों से तुम मुझे
रखने को चिरकाल बाँधकर दृष्टि से
अपना ही नारी रूप, अपनाने के लिए,

मर्त्य में स्वर्गसुख पाने के अर्थ, प्रिय,
पीने को अमृत अंगों से झरता हुआ ।
कैसी निरलस दृष्टि !
सजल शिशिर-धौत पुष्प ज्यों प्रात में
देखता है एकटक किरण-कुमारी को ।—
पृथ्वी का प्यार, सर्वस्व उपहार देता
नभ की निरुपमा को,
पलकों पर रख नयन
करता प्रणयन, शब्द—
भावों में विशृंखल बहता हुआ भी स्थिर ।
देकर न दिया ध्यान मैंने उस गीत पर
कुल-मान-ग्रन्थि में बँधकर चली गयी;
जीते संस्कार वे बद्ध संसार के—
उनकी ही मैं हुई !
समझ नहीं सकी, हाय,
बँधा सत्य अञ्चल से
खुलकर कहाँ गिरा ।
बीता कुछ काल,
देह-ज्वाला बढ़ने लगी,
नन्दन-निकुंज की रति को ज्यों मिला मरु,
उतरकर पर्वत से निर्झरी भूमि पर
पंकिल हुई, सलिल-देह कलुषित हुई ।
करुणा की अनिमेष दृष्टि मेरी खुली,
किन्तु अरुणार्क, प्रिय, झुलसाते ही रहे—
भर नहीं सके प्राण रूप-विन्दु-दान से ।
तब तुम लघुपद-विहार
अनिल ज्यों बार-बार

वक्ष के सजे तार झंकृत करने लगे
साँसों से, भावों से, चिन्ता से कर प्रवेश ।
अपने से उस गीत पर
सुखद मनोहर उस तान की माया में,
लहरों में हृदय की
भूल-सी मैं गयी
संसृति के दुःख-घात;
श्लथ-गात, तुममें ज्यों
रही मैं बद्ध हो ।
किन्तु हाय,
रूढ़ि, धर्म के विचार,
कुल, मान, शील, ज्ञान,
उच्च प्राचीर ज्यों घेरे जो थे मुझे,
घेर लेते बार-बार,
जब मैं संसार में रखती थी पदमात्र,
छोड़ कल्प-निस्सीम पवन-विहार मुक्त ।
दोनों हम भिन्न-वर्ण,
भिन्न-जाति, भिन्न-रूप,
भिन्न-धर्मभाव, पर
केवल अपनाव से, प्राणों से एक थे ।
किन्तु दिन-रात का,
जल और पृथ्वी का
भिन्न सौन्दर्य से बन्धन स्वर्गीय है,
समझे यह नहीं लोग
व्यर्थ अभिमान के !
अन्धकार था हृदय
अपने ही भार से झुका हुआ, विपर्यस्त ।

गृह-जन थे कर्म पर ।
मधुर प्रभात ज्यों द्वार पर आये तुम,
नीड़-सुख छोड़कर मुक्त उड़ने को संग
किया आह्वान मुझे व्यंग्य के शब्द में ।
आयी मैं द्वार पर सुन प्रिय कंठ-स्वर,
अश्रुत जो बजता रहा था झंकार भर
जीवन की वीणा में,
सुनती थी मैं जिसे ।
पहचाना मैंने, हाथ बढ़कर तुमने गहा ।
चल दी मैं मुक्त, साथ ।
एक बार की ऋणी
उद्धार के लिए,
शत बार शोध की उर में प्रतिज्ञा की ।
पूर्ण मैं कर चुकी ।
गर्वित, गरीयसी अपने में आज मैं ।
रूप के द्वार पर
मोह की माधुरी
कितने ही बार पी मूर्च्छित हुए हो, प्रिय,
जागती मैं रही,
गह बाँह, बाँह में भरकर सँभाला तुम्हें ।

1935 ई.

दान

वासन्ती की गोद में तरुण,
सोहता स्वस्थ-मुख बालारुण;
चुम्बित सस्मित, कुञ्चित, कोमल
तरुणियों सदृश किरणें चञ्चल;
किसलयों के अधर यौवन-मद
रक्ताभ; मञ्जु उड़ते षट्पद
खुलती कलियों से कलियों पर
नव आशा—नवल स्पन्द भर-भर;
व्यञ्जित सुख का जो मधु-गुञ्जन
वह पुञ्जीकृत वन-वन उपवन;
हेम-हार पहने अमलतास,
हँसता रक्ताम्बर वर पलास;
कुन्द के शेष पूजार्घ्यदान,
मल्लिका प्रथम-यौवन-श्यान;
खुलते-स्तवकों की लज्जाकुल,
नतवदना मधुमाधवी अतुल;
निकला पहला अरविन्द आज,
देखता अनिन्द्य रहस्य-साज;
सौरभ-वसना समीर बहती,
कानों में प्राणों की कहती;
गोमती क्षीण-कटि नटी नवल,
नृत्य पर मधुर-आवेश-चपल ।
मैं प्रातः पर्यटनार्थ चला
लौटा, आ पुल पर खड़ा हुआ;
सोचा—"विश्व का नियम निश्चल,

जो जैसा, उसको वैसा फल
देती यह प्रकृति स्वयं सदया,
सोचने को न रहा कुछ नया;
सौन्दर्य, गीत, बहु वर्ण, गन्ध,
भाषा, भावों के छन्द-बन्ध,
और भी उच्चतर जो विलास,
प्राकृतिक दान वे, सप्रयास
या अनायास आते हैं सब,
सबमें है श्रेष्ठ, धन्य मानव ।"
फिर देखा उस पुल के ऊपर
बहुसंख्यक बैठे हैं वानर ।
एक ओर पथ के, कृष्णकाय
कंकालशेष नर मृत्यु-प्राय
बैठा सशरीर दैन्य दुर्बल,
भिक्षा को उठी दृष्टि निश्चल;
अति क्षीण कण्ठ, है तीव्र श्वास,
जीता ज्यों जीवन से उदास ।
ढोता जो, वह कौन-सा शाप ?
भोगता कठिन, कौन-सा पाप ?
यह प्रश्न सदा ही है पथ पर,
पर सदा मौन इसका उत्तर !
जो बड़ी दया का उदाहरण,
वह पैसा एक, उपायकरण !
मैंने झुक नीचे को देखा,
तो झलकी आशा की रेखा—
विप्रवर स्नान कर चढ़ा सलिल
शिव पर दूर्वादल, तण्डुल, तिल,

लेकर झोली आये ऊपर,
देखकर चले तत्पर वानर।
द्विज राम-भक्त, भक्ति की आश
भजते शिव को बारहो मास;
कर रामायण का पारायण
जपते हैं श्रीमन्नारायण;
दुख पाते जब होते अनाथ,
कहते कपियों से जोड़ हाथ,
मेरे पड़ोस के वे सज्जन;
करते प्रतिदिन सरिता-मज्जन;
झोली से पुए निकाल लिये,
बढ़ते कपियों के हाथ दिये;
देखा भी नहीं उधर फिर कर
जिस ओर रहा वह भिक्षु इतर;
चिल्लाया किया दूर दानव,
बोला मैं—"धन्य, श्रेष्ठ मानव !"

1935 ई.

खँडहर के प्रति

खँडहर ! खड़े हो तुम आज भी ?
अद्‌भुत अज्ञात उस पुरातन के मलिन साज !
विस्मृति की नींद से जगाते हो क्यों हमें—
करुणाकर, करुणामय गीत सदा गाते हुए ?
पवन-सञ्चरण के साथ ही

परिमल-पराग-सम अतीत की विभूति-रज—
आशीर्वाद पुरुष-पुरातन का
भेजते सब देशों में,
क्या है उद्देश्य तव ?
बन्धन-विहीन भव !
ढीले करते हो भव-बन्धन नर-नारियों के ?
अथवा,
हो मलते कलेजा पड़े, जरा-जीर्ण,
निर्निमेष नयनों से
बाट जोहते हो तुम मृत्यु की
अपनी सन्तानों से बूँद-भर पानी को तरसते हुए ?
किम्वा, हे यशोराशि !
कहते हो आँसू बहाते हुए—
"आर्त्त भारत ! जनक हूँ मैं
जैमिनि-पतञ्जलि-व्यास ऋषियों का;
मेरी ही गोद पर शैशव-विनोद कर
तेरा है बढ़ाया मान
राम-कृष्ण-भीमार्जुन-भीष्म नरदेवों ने ।
तुमने मुख फेर लिया,
सुख की तृष्णा से अपनाया है गरल,
हो बसे नव छाया में,
नव स्वप्न ले जगे,
भूले वे मुक्त प्रान, साम-गान, सुधा-पान ।"
बरसो आशीस, हे पुरुष-पुराण,
तव चरणों में प्रणाम है ।

1923 ई.

नाचे उस पर श्यामा*

फूले फूल सुरभि-व्याकुल अलि
गूँज रहे हैं चारों ओर
जगती-तल में सकल देवता
भरते शशि - मृदु - हँसी - हिलोर ।
गन्ध - मन्द - गति मलय पवन है
खोल रही स्मृतियों के द्वार,
ललित-तरंग नदी-नद-सरसी,
चल-शतदल पर भ्रमर-विहार ।
दूर गुहा में निर्झरिणी की
तान-तरंगों का गुञ्जार,
स्वरमय किसलय-निलय विहंगों
के बजते सुहाग के तार ।
तरुण-चितेरा अरुण बढ़ाकर
स्वर्ण-तूलिका-कर सुकुमार,
पट-पृथिवी पर रखता है जब
कितने वर्णों का आभार,
धरा अधर धारण करते हैं,—
रँग के रागों के आकार
देख-देख भावुक-जन-मन में
जगते कितने भाव उदार !

*स्वामी विवेकानन्दजी महाराज की सुविख्यात रचना 'नाचुक ताहाते श्यामा' का अनुवाद । स्वामीजी ने इसमें कोमल तथा कठोर भावों की वर्णना द्वारा कठोरता की सिद्धि दिखलायी है ।

गरज रहे हैं मेघ, अशनि का
गूँजा घोर निंनाद-प्रमाद,
स्वर्ग-धरा-व्यापी संगर का
छाया विकट - कटक - उन्माद
अन्धकार उद्‌गीरण करता
अन्धकार घन-घोर अपार
महाप्रलय की वायु सुनाती
श्वासों में अगणित हुंकार
इस पर चमक रही है रक्तिम
विद्युज्ज्वाला वारम्वार
फेनिल लहरें गरज चाहतीं
करना गिरि - शिखरों को पार,
भीम - घोष - गम्भीर, अतल धँस
टलमल करती धरा अधीर,
अनल निकलता छेद भूमितल,
चूर हो रहे अचल-शरीर ।

हैं सुहावने मन्दिर कितने
नील-सलिल-सर- वीचि - विलास—
वलयित कुवलय, खेल खिलाती
मलय वनज-वन-यौवन-हास ।
बढ़ा रहा है अंगूरों का
हृदय - रुधिर प्याले का प्यार,
फेन-शुभ्र-सिर उठे बुलबुले
मन्द - मन्द करते गुञ्जार ।
बजती है श्रुति-पथ में वीणा,
तारों की कोमल झंकार

ताल - ताल पर चली बढ़ाती
ललित वासना का संसार ।
भावों में क्या जाने कितना
ब्रज का प्रकट प्रेम उच्छ्वास
आँसू ढलते, विरह-ताप से
तप्त गोपिकाओं के श्वास;
नीरज - नील नयन, बिम्बाधर
जिस युवती के अति सुकुमार;
उमड़ रहा जिसकी आँखों पर
मृदु भावों का पारावार,
बढ़ा हाथ दोनों मिलने को
चलती प्रकट प्रेम-अभिसार,
प्राण - पखेरू, प्रेम - पींजरा,
बन्द, बन्द है उसका द्वार !

भेरी झररर् - झरर, दमामे,
घोर नकारों की है चोप,
कड़-कड़-कड़ सन्-सन् बन्दूकें,
अररर अररर अररर तोप,
धूम-धूम है भीम रणस्थल,
शत-शत ज्वालामुखियाँ घोर
आग उगलतीं, दहक - दहक दह
कँपा रहीं भू-नभ के छोर ।
फटते, लगते हैं छाती पर
घाती गोले सौ-सौ बार,
उड़ जाते हैं कितने हाथी,
कितने घोड़े और सवार ।

थर-थर पृथ्वी थर्राती है,
लाखों घोड़े कस तैयार
करते, चढ़ते, बढ़ते, अड़ते;
झुक पड़ते हैं वीर जुझार ।
भेद धूम-तल—अनल, प्रबल दल
चीर गोलियों की बौछार,
धँस गोलों - ओलों में लाते
छीन तोप पर बेड़ी मार;
आगे-आगे फहराती है
ध्वजा वीरता की पहचान,
झरती धारा—रुधिर दण्ड में
अड़े पड़े पर वीर जवान;
साथ-साथ पैदल-दल चलता,
रण-मद-मतवाले सब वीर,
छुटी पताका, गिरा वीर जब,
लेता पकड़ अपर रणधीर,
पटे खेत अगणित लाशों से
कटे हजारों वीर जवान,
डटे लाश पर पैर जमाये,
हटे न वीर छोड़ मैदान ।

देह चाहता है सुख-संगम,
चित्त-विहंगम स्वर-मधु-धार,
हँसी-हिंडोला झूल चाहता
मन जाना दुख-सागर-पार !
हिम-शशांक का किरण-अंग-सुख
कहो, कौन जो देगा छोड़—

तपन - तप्त - मध्याह्न - प्रखरता
से नाता जो लेगा जोड़ ?
चण्ड दिवाकर ही तो भरता
शशधर में कर-कोमल-प्राण,
किन्तु कलाधर को ही देता
सारा विश्व प्रेम - सम्मान !
सुख के हेतु सभी हैं पागल,
दुख से किस पामर का प्यार ?
सुख में है दुख, गरल अमृत में,
देखो, बता रहा संसार ।
सुख-दुख का यह निरा हलाहल
भरा कण्ठ तक सदा अधीर,
रोते मानव, पर आशा का
नहीं छोड़ते चञ्चल चीर !
रुद्र रूप से सब डरते हैं,
देख-देख भरते हैं आह,
मृत्युरूपिणी मुक्तकुन्तला
माँ की नहीं किसी को चाह !
उष्णधार उद्‌गार रुधिर का
करती है जो वारम्वार,
भीम भुजा की, बीन छीनती,
वह जंगी नंगी तलवार ।
मृत्यु-स्वरूपे माँ, है तू ही
सत्य - स्वरूपा, सत्याधार;
काली, सुख - वनमाली तेरी
माया छाया का संसार !

अये—कालिके, माँ, करालिके,
शीघ्र मर्म का कर उच्छेद,
इस शरीर का प्रेम-भाव, यह
सुख-सपना, माया, कर भेद !
तुझे मुण्डमाला पहनाते,
फिर भय खाते तकते लोग,
'दयामयी' कह-कह चिल्लाते,
माँ, दुनिया का देखा ढोंग !
प्राण काँपते अट्टहास सुन
दिगम्बरा का लख उल्लास,
अरे भयातुर 'असुर-विजयिनी'
कह रह जाता, खाता त्रास !
मुँह से कहता है,—देखेगा,
पर माँ, जब आता है काल,
कहाँ भाग जाता भय खाकर
तेरा देख वदन विकराल !
माँ, तू मृत्यु घूमती रहती,
उत्कट व्याधि, रोग बलवान्,
भर विष - घड़े, पिलाती है तू
घूँट जहर के, लेती प्राण ।
रे उन्माद ! भुलाता है तू
अपने को, न फिराता दृष्टि
पीछे भय से, कहीं देख तू
भीमा महाप्रलय की सृष्टि ।
दुख चाहता, बता, इसमें क्या
भरी नहीं है सुख की प्यास ?
तेरी भक्ति और पूजा में,

चलती स्वार्थ-सिद्धि की साँस ।
छाग-कण्ठ की रुधिर-धार से
सहम रहा तू, भय-सञ्चार !
अरे कापुरुष, बना दया का
तू आधार !—धन्य व्यवहार !

फोड़ो वीणा, प्रेम-सुधा का
पीना छोड़ो, तोड़ो, वीर,
दृढ़ आकर्षण है जिसमें उस
नारी-माया की जञ्जीर !
बढ़ जाओ तुम जलधि-ऊर्मि-से
गरज-गरज गाओ निज गान;
आँसू पीकर जीना, जाये
देह, हथेली पर लो जान ।
जागो वीर ! सदा ही सर पर
काट रहा है चक्कर काल,
छोड़ो अपने सपने, भय क्यों,
काटो, काटो यह भ्रम-जाल ।
दुःख-भार इस भव के ईश्वर,
जिनके मन्दिर का दृढ़ द्वार !
जलती हुई चिताओं में है
प्रेत-पिशाचों का आगार;
सदा घोर संग्राम छेड़ना
उनकी पूजा के उपचार,
वीर ! डराये कभी न, आये
अगर पराजय सौ-सौ बार ।

चूर-चूर हो स्वार्थ, साध, सब
मान, हृदय हो महाश्मशान,
नाचे उस पर श्यामा, घन रण
में लेकर निज भीम कृपाण ।

1924 ई.

उक्ति

कुछ न हुआ, न हो ।
मुझे विश्व का सुख, श्री, यदि केवल
पास तुम रहो !
मेरे नभ के बादल यदि न कटे—
चन्द्र रह गया ढका,
तिमिर रात को तिरकर यदि न अटे
लेश गगन-भास का,
रहेंगे अधर हँसते, पथ पर, तुम
हाथ यदि गहो ।
बहु-रस साहित्य विपुल यदि न पढ़ा—
मन्द सबों ने कहा,
मेरा काव्यानुमान यदि न बढ़ा—
ज्ञान, जहाँ का रहा,
रहे, समझ है मुझमें पूरी, तुम
कथा यदि कहो ।

1937 ई.

मरण-दृश्य

गीत

कहा जो न, कहो !
नित्य-नूतन, प्राण, अपने
गान रच-रच दो !
विश्व सीमाहीन;
बाँधती जातीं मुझे कर-कर
व्यथा से दीन !
कह रही हो—"दुःख की विधि—
यह तुम्हें ला दी नयी निधि—
विहग के वे पंख बदले,—
किया जल का मीन;
मुक्त अम्बर गया, अब हो
जलधि जीवन को !"
सकल साभिप्राय;
समझ पाया था नहीं मैं,
थी तभी यह हाय !
दिये थे जो स्नेह-चुम्बन,
आज प्याले गरल के बन;
कह रही हो हँस—"पियो, प्रिय,
पियो, प्रिय, निरुपाय !
मुक्ति हूँ मैं, मृत्यु में
आई हुई, न डरो !"

1938 ई.

मरण को जिसने वरा है

गीत

मरण को जिसने वरा है,
उसी ने जीवन भरा है।
परा भी उसकी, उसी के,
अंक सत्य यशोधरा है।
सुकृत के जल से विसिञ्चित,
कल्प किञ्चित् विश्व-उपवन,
उसी की निस्तन्द्र चितवन
चयन करने को हरा है।
गिरिपताक उपत्यका पर
हरित तृण से घिरी तन्वी
जो खड़ी है वह उसी को
पुष्पभरणा अप्सरा है।
जब हुआ वञ्चित जगत् में,
स्नेह से, आमर्ष के क्षण,
स्पर्श देती है किरण जो,
उसी की कोमलकरा है।

1942 ई.

गहन है यह अन्ध कारा

गीत

गहन है यह अन्ध कारा;
स्वार्थ के अवगुण्ठनों से
हुआ है लुण्ठन हमारा ।
खड़ी है दीवार जड़ की घेर कर,
बोलते हैं लोग ज्यों मुँह फेरकर,
इस गगन में नहीं दिनकर,
नहीं शशधर, नहीं तारा ।
कल्पना का ही अपार समुद्र यह,
गरजता है घेरकर तनु, रुद्र यह,
कुछ नहीं आता समझ में,
कहाँ है श्यामल किनारा ।
प्रिय, मुझे वह चेतना दो देह की,
याद जिससे रहे वञ्चित गेह की,
खोजता-फिरता न पाता हुआ,
मेरा हृदय हारा ।

1942 ई.

स्नेह-निर्झर बह गया है

गीत

स्नेह-निर्झर बह गया है ।
रेत ज्यों तन रह गया है ।
आम की यह डाल जो सूखी दिखी,
कह रही है—"अब यहाँ पिक या शिखी
नहीं आते, पंक्ति मैं वह हूँ लिखी
नहीं जिसका अर्थ—
जीवन दह गया है ।"
"दिये हैं मैंने जगत् को फूल-फल,
किया है अपनी प्रभा से चकित-चल;
पर अनश्वर था सकल पल्लवित पल—
ठाट जीवन का वही
जो ढह गया है ।"
अब नहीं आती पुलिन पर प्रियतमा,
श्याम तृण पर बैठने को, निरुपमा ।
बह रही है हृदय पर केवल अमा;
मैं अलक्षित हूँ, यही
कवि कह गया है ।

1942 ई.

सरोज-स्मृति

ऊनविंश पर जो प्रथम चरण
तेरा वह जीवन-सिन्धु-तरण;
तनये, ली कर दृक्पात तरुण
जनक से जन्म की विदा अरुण !
गीते मेरी, तज रूप-नाम
वर लिया अमर शाश्वत विराम
पूरे कर शुचितर सपर्याय
जीवन के अष्टादशाध्याय,
चढ़ मृत्यु-तरणि पर तूर्ण-चरण
कह—"पितः, पूर्ण आलोक वरण
करती हूँ मैं, यह नहीं मरण;
'सरोज' का ज्योतिःशरण—तरण"—
अशब्द अधरों का सुना भाष,
मैं कवि हूँ, पाया है प्रकाश
मैंने कुछ अहरह रह निर्भर
ज्योतिस्तरणा के चरणों पर ।
जीवित-कविते, शत-शर-जर्जर
छोड़कर पिता को पृथ्वी पर
तू गई स्वर्ग, क्या यह विचार—
"जब पिता करेंगे मार्ग पार
यह, अक्षम अति, तब मैं सक्षम,
तारूँगी कर गह दुस्तर तम ?"
कहता तेरा प्रयाण सविनय,—
कोई न अन्य था भावोदय ।
श्रावण-नभ का स्तब्धान्धकार

शुक्ला प्रथमा, कर गई पार !

धन्ये, मैं पिता निरर्थक था,
कुछ भी तेरे हित न कर सका !
जाना तो अर्थागमोपाय,
पर रहा सदा संकुचित-काय
लखकर अनर्थ आर्थिक पथ पर
हारता रहा मैं स्वार्थ-समर ।
शुचिते, पहनाकर चीनांशुक
रख सका न तुझे अतः दधिमुख ।
क्षीण का न छीना कभी अन्न,
मैं लख न सका वे दृग विपन्न,
अपने आँसुओं अतः बिम्बित
देखे हैं अपने ही मुख-चित ।
सोचा है नत हो बार बार—
"यह हिन्दी का स्नेहोपहार,
यह नहीं हार मेरी, भास्वर
यह रत्नहार- लोकोत्तर वर ।"—
अन्यथा, जहाँ है भाव शुद्ध
साहित्य - कला - कौशल - प्रबुद्ध
हैं दिये हुए मेरे प्रमाण
कुछ वहां, प्राप्ति को समाधान,—
पार्श्व में अन्य रख कुशल हस्त
गद्य में पद्य में समाभ्यस्त ।
देखें वे; हँसते हुए प्रवर,
जो रहे देखते सदा समर,
एक साथ जब शत घात घूर्ण

आते थे मुझ पर तुले तूर्ण
देखता रहा मैं खड़ा अपल
वह शर-क्षेप, वह रण-कौशल ।
व्यक्त हो चुका चीत्कारोत्कल
क्रुद्ध युद्ध का रुद्ध-कण्ठ फल ।
और भी फलित होगी यह छवि,
जागे जीवन-जीवन का रवि,
लेकर, कर कल तूलिका कला,
देखो, क्या रँग भरती विमला,
वाञ्छित उस किस लाञ्छित छवि पर
फेरती स्नेह की कूची भर ।
अस्तु मैं उपार्जन को अक्षम
कर नहीं सका पोषण उत्तम
कुछ दिन को, जब तू रही साथ,
अपने गौरव से झुका माथ ।
पुत्री भी, पिता-गेह में स्थिर,
छोड़ने के प्रथम जीर्ण अजिर ।
आँसुओं सजल दृष्टि की छलक,
पूरी न हुई जो रही कलक
प्राणों की प्राणों में दब कर
कहती लघु-लघु उसाँस में भर;
समझता हुआ मैं रहा देख
हटती भी पथ पर दृष्टि टेक ।

तू सवा साल की जब कोमल;
पहचान रही ज्ञान में चपल
माँ का मुख, हो चुम्बित क्षण-क्षण,

भरती जीवन में नव जीवन,
वह चरित पूर्ण कर गई चली
तू नानी की गोद जा पली ।
सब किये वहीं कौतुक-विनोद
उस घर निशि-वासर भरे मोद;
खाई भाई की मार, विकल
रोई उत्पल-दल-दृग-छलछल,
चुमकारा फिर उसने निहार,
फिर गंगा-तट-सैकत-विहार
करने को लेकर साथ चला,
तू गहकर चली हाथ चपला;
आँसुओं धुला मुख हासोच्छल,
लखती प्रसार वह ऊर्मि-धवल ।
तब भी मैं इसी तरह समस्त
कवि-जीवन में व्यर्थ भी व्यस्त;
लिखता अबाध गति मुक्त छन्द,
पर सम्पादकगण निरानन्द
वापस कर देते पढ़ सत्वर
दे एक-पंक्ति-दो में उत्तर ।
लौटी रचना लेकर उदास
ताकता हुआ मैं दिशाकाश
बैठा प्रान्तर में दीर्घ प्रहर
व्यतीत करता था गुन-गुन कर
सम्पादक के गुण; यथाभ्यास
पास की नोचता हुआ घास
अज्ञात फेंकता इधर-उधर
भाव की चढ़ी पूजा उन पर

याद है दिवस की प्रथम धूप
थी पड़ी हुई तुझ पर सुरूप,
खेलती हुई तू परी चपल,
मैं दूर स्थित प्रवास से चल
दो वर्ष बाद, होकर उत्सुक
देखने के लिए अपने मुख
था गया हुआ, बैठा बाहर
आँगन में फाटक के भीतर,
मोढ़े पर, ले कुण्डली हाथ
अपने जीवन की दीर्घ गाथा ।
पढ़, लिखे हुए शुभ दो विवाह
हँसता था, मन में बड़ी चाह
खण्डित करने को भाग्य-अंक,
देखा भविष्य के प्रति अशंक ।
इससे पहले आत्मीय स्वजन
सस्नेह कह चुके थे, जीवन
सुखमय होगा, विवाह कर लो
जो पढ़ी-लिखी हो—सुन्दर हो ।
आये ऐसे अनेक परिणय,
पर विदा किया मैंने सविनय
सबको, जो अड़े प्रार्थना भर
नयनों में, पाने को उत्तर
अनुकूल, उन्हें जब कहा निडर—
"मैं हूँ मंगली", मुड़े सुनकर ।
इस बार एक आया विवाह
जो किसी तरह भी हतोत्साह
होने को न था, पड़ी अड़चन,

आया मन में भर आकर्षण
उन नयनों का, सासु ने कहा—
"वे बड़े भले जन हैं, भय्या,
एण्ट्रेन्स पास है लड़की वह,
बोले मुझसे—'छब्बिस ही तो
वर की है उम्र, ठीक ही है,
लड़की भी अट्ठारह की है ।"
फिर हाथ जोड़ने लगे, कहा—
"वे नहीं कर रहे ब्याह, अहा !
हैं सुधरे हुए बड़े सज्जन !
अच्छे कवि, अच्छे विद्वज्जन !
हैं बड़े नाम उनके ! शिक्षित
लड़की भी रूपवती, समुचित
आपको यही होगा कि कहें
'हर तरह उन्हें, वर सुखी रहें ।'
आयेंगे कल ।" दृष्टि थी शिथिल,
आई पुतली तू खिल-खिल-खिल
हँसती, मैं हुआ पुनः चेतन
सोचता हुआ विवाह-बन्धन ।
कुण्डली दिखा बोला —"ए—लो"
आई तू, दिया, कहा—"खेलो !"
कर स्नान-शेष, उन्मुक्त-केश
सासुजी रहस्य-स्मित सुवेश
आयीं करने को बातचीत
जो कल होनेवाली, अजीत;
संकेत किया मैंने अखिन्न
जिस ओर कुण्डली छिन्न-भिन्न,

देखने लगीं वे विस्मय भर
तू बैठी सञ्चित टुकड़ों पर !
धीरे-धीरे फिर बढ़ा चरण,
बाल्य की केलियों का प्रांगण
कर पार, कुञ्ज-तारुण्य सुघर
आयी, लावण्य-भार थर-थर
काँपा कोमलता पर सस्वर
ज्यों मालकौश नव वीणा पर;
नैश स्वप्न ज्यों तू मन्द-मन्द
फूटी ऊषा — जागरण - छन्द;
काँपी भर निज आलोक-भार,
काँपा वन, काँपा दिक् प्रसार ।
परिचय-परिचय पर खिला सकल—
नभ, पृथ्वी, द्रुम, कलि, किसलय-दल ।
क्या दृष्टि ! अतल की सिक्त-धार
ज्यों भोगावती उठी अपार,
उमड़ता ऊर्ध्व को कल सलील
जल टलमल करता नील-नील,
पर बँधा देह के दिव्य बाँध;
छलकता दृगों से साध-साध ।
फूटा कैसा प्रिय कण्ठ-स्वर
माँ की मधुरिमा व्यञ्जना भर
हर पिता-कण्ठ की दृप्त-धार
उत्कलित रागिनी की बहार !
बन जन्मसिद्ध गायिका, तन्वि,
मेरे स्वर की रागिनी वह्नि
साकार हुई दृष्टि में सुघर,

समझा मैं क्या संस्कार प्रखर ।
शिक्षा के बिना बना वह स्वर
है, सुना न अब तक पृथ्वी पर !
जाना बस, पिक-बालिका प्रथम
पल अन्य नीड़ में जब सक्षम
होती उड़ने को, अपना स्वर
भर करती ध्वनित मौन प्रान्तर ।
तू खिंची दृष्टि में मेरी छवि,
जागा उर में तेरा प्रिय कवि,
उन्मनन-गुञ्ज सज हिला कुञ्ज
तरु-पल्लव कलि-दल पुञ्ज-पुञ्ज
बह चली एक अज्ञात बात
चूमती केश—मृदु नवल गात,
देखती सकल निष्पलक-नयन
तू, समझा मैं तेरा जीवन ।

सासु ने कहा लख एक दिवस—
''भैया अब नहीं हमारा बस,
पालना-पोसना रहा काम,
देना 'सरोज' को धन्य-धाम,
शुचि वर के कर, कुलीन लखकर,
है काम तुम्हारा धर्मोत्तर;
अब कुछ दिन इसे साथ लेकर
अपने घर रहो, ढूँढ़कर वर
जो योग्य तुम्हारे, करो ब्याह
होंगे सहाय हम सहोत्साह ।''
सुनकर, गुनकर चुपचाप रहा,

कुछ भी न कहा,—न अहो, न अहा;
ले चला साथ मैं तुझे, कनक
ज्यों भिक्षुक लेकर, स्वर्ण-झनक
अपने जीवन की, प्रभा विमल
ले आया निज गृह-छाया-तल ।
सोचा मन में हत वार-वार—
"ये कान्यकुब्ज-कुल कुलांगार,
खाकर पत्तल में करें छेद,
इनके कर कन्या, अर्थ खेद,
इस विषय - बेलि में विष ही फल,
यह दग्ध मरुस्थल,—नहीं सुजल ।"
फिर सोचा—"मेरे पूर्वजगण
गुजरे जिस राह, वही शोभन
होगा मुझको, यह लोक-रीति
कर दूँ पूरी, गो नहीं भीति
कुछ मुझे तोड़ते गत विचार;
पर पूर्ण रूप प्राचीन भार
ढोते मैं हूँ अक्षम; निश्चय
आयेगी मुझमें नहीं विनय
उतनी जो रेखा करे पार
सौहार्द-बन्ध की, निराधार ।
वे जो यमुना के - से कछार
पद फटे बिवाई के, उधार
खाये के मुख ज्यों, पिये तेल
चमरौधे जूते से सकेल
निकले, जी लेते, घोर-गन्ध,
उन चरणों को मैं यथा अन्ध,

कल घ्राण-प्राण से रहित व्यक्ति
हो पूजूँ, ऐसी नहीं शक्ति ।
ऐसे शिव से गिरिजा-विवाह
करने की मुझको नहीं चाह !"

फिर आयी याद—"मुझे सज्जन
है मिला प्रथम ही विद्वज्जन
नवयुवक एक, सत्साहित्यिक,
कुल कान्यकुब्ज, यह नैमित्तिक
होगा कोई इंगित अदृश्य
मेरे हित है हित यही स्पृश्य
अभिनन्दनीय ।" बँध गया भाव,
खुल गया हृदय का स्नेह-स्राव
खत लिखा, बुला भेजा तत्क्षण,
युवक भी मिला प्रफुल्ल, चेतन ।
बोला मैं—"मैं हूँ रिक्त-हस्त
इस समय, विवेचन में समस्त—
जो कुछ है मेरा अपना धन
पूर्वज से मिला, करूँ अर्पण
यदि महाजनों को, तो विवाह
कर सकता हूँ; पर नहीं चाह,
मेरी ऐसी, दहेज देकर
मैं मूर्ख बनूँ, यह नहीं सुघर,
बारात बुलाकर मिथ्या व्यय
मैं करूँ, नहीं ऐसा सुसमय ।
तुम करो ब्याह, तोड़ता नियम
मैं सामाजिक योग के प्रथम,

लग्न के पढ़ूँगा स्वयं मन्त्र;
यदि पण्डितजी होंगे स्वतन्त्र ।
जो कुछ मेरे, वह कन्या का,
निश्चय समझो, कुल धन्या का ।"

आये पण्डितजी, प्रजावर्ग,
आमन्त्रित साहित्यिक, ससर्ग
देखा विवाह आमूल नवल;
तुझ पर शुभ पड़ा कलश का जल ।
देखती मुझे तू, हँसी मन्द,
होठों में बिजली फँसी स्पन्द
उर में भर झूली छबि सुन्दर,
प्रिय की अशब्द शृंगार-मुखर
तू खुली एक-उच्छ्वास-संग,
विश्वास-स्तब्ध बँध अंग-अंग,
नत नयनों से आलोक उतर
काँपा अधरों पर थर-थर-थर ।
देखा मैंने, वह मूर्ति-धीति
मेरे वसन्त की प्रथम गीति—
शृंगार, रहा जो निराकार,
रस कविता में उच्छ्वसित-धार
गया स्वर्गीया-प्रिया-संग—
भरता प्राणों में राग-रंग,
रति-रूप प्राप्त कर रहा वही,
आकाश बदलकर बना मही ।

हो गया ब्याह आत्मीय स्वजन

कोई थे नहीं, न आमन्त्रण
था भेजा गया, विवाह-राग
भर रहा न घर निशि-दिवस जाग;
प्रिय मौन एक संगीत भरा
नव जीवन के स्वर पर उतरा ।
माँ की कुल शिक्षा मैंने दी
पुष्प-सेज तेरी स्वयं रची,
सोचा मन में, "वह शकुन्तला,
पर पाठ अन्य यह, अन्य कला ।"
कुछ दिन रह गृह तू फिर समोद,
बैठी नानी की स्नेह-गोद ।
मामा-मामी का रहा प्यार,
भर जलद धरा को ज्यों, अपार;
वे ही सुख-दुख में रहे न्यस्त,
तेरे हित सदा समस्त, व्यस्त;
वह लता वहीं की, जहाँ कली
तू खिली, स्नेह से हिली, पली;
अन्त भी उसी गोद में शरण
ली, मूँदे दृग वर महामरण !

मुझ भाग्यहीन की तू सम्बल
युग वर्ष बाद जब हुई विकल,
दुख ही जीवन की कथा रही,
क्या कहूँ आज, जो नहीं कही !
हो इसी कर्म पर वज्रपात
यदि धर्म, रहे नत सदा माथ
इस पथ पर, मेरे कार्य सकल

हों भ्रष्ट शीत के-से शतदल !
कन्ये, गत कर्मों का अर्पण
कर, करता मैं तेरा तर्पण !

1935 ई.

भाव जो छलके पदों पर

गीत

भाव जो छलके पदों पर,
न हों हलके, न हों नश्वर ।

चित्त चिर-निर्मल करे वह,
देह-मन शीतल करे वह,
ताप सब मेरे हरे वह
नहा आई जो सरोवर ।

गन्धवह हे, धूप मेरी
हो तुम्हारी प्रिय चितेरी,
आरती की सहज फेरी
रवि, न कम कर दे कहीं कर ।

1939 ई.

दलित जन पर करो करुणा

गीत

दलित जन पर करो करुणा।
  दीनता पर उतर आये
    प्रभु, तुम्हारी शक्ति अरुणा।

हरे तन-मन प्रीति पावन,
मधुर हो मुख मनोभावन,
सहज चितवन पर तरंगित
  हो तुम्हारी किरण तरुणा।

देख वैभव न हो नत सिर,
समुद्धत मन सदा हो स्थिर,
पार कर जीवन निरन्तर
  रहे बहती भक्ति-वरुणा।

1939 ई.

भगवान बुद्ध के प्रति

आज सभ्यता के वैज्ञानिक जड़ विकास पर
गर्वित विश्व नष्ट होने की ओर अग्रसर
स्पष्ट दिख रहा; सुख के लिए खिलौना जैसे
बने हुए वैज्ञानिक साधन; केवल पैसे
आज लक्ष्य में हैं मानव के; स्थल - जल - अम्बर
रेल - तार - बिजली - जहाज नभयानों से भर
दर्प कर रहे हैं मानव, वर्ग से वर्गगण,
भिड़े राष्ट्र से राष्ट्र, स्वार्थ से स्वार्थ विचक्षण ।
हँसते हैं जड़वादग्रस्त, प्रेत ज्यों परस्पर,
विकृत - नयन मुख, कहते हुए, अतीत भयंकर
था मानव के लिए, पतित था वहाँ विश्वमन,
अपटु अशिक्षित वन्य हमारे रहे बन्धुगण;
नहीं वहाँ था कहीं आज का मुक्त - प्राण यह,
तर्कसिद्ध है, स्वप्न एक है विनिर्वाण यह ।
वहाँ बिना कुछ कहे, सत्य वाणी के मन्दिर,
जैसे उतरे थे तुम, उतर रहे हो फिर फिर
मानव के मन में,—जैसे जीवन में निश्चित
विमुख भोग से, राजकुँवर, त्यागकर सर्वस्थित
एकमात्र सत्य के लिए, रूढ़ि से विमुख, रत
कठिन तपस्या में, पहुँचे लक्ष्य को, तथागत !
फूटी ज्योति विश्व में, मानव हुए सम्मिलित,
धीरे - धीरे हुए विरोधी भाव तिरोहित;
भिन्न रूप से भिन्न - भिन्न धर्मों में सञ्चित
हुए भाव, मानव न रहे करुणा से वञ्चित;
फूटे शत - शत उत्स सहज मानवता - जल के

यहाँ वहाँ पृथ्वी के सब देशों में छलके;
छल के, बल के पंकिल भौतिक रूप अदर्शित
हुए तुम्हीं से, हुई तुम्हीं से ज्योति प्रदर्शित ।

1940 ई.

सुन्दर हे, सुन्दर !

सुन्दर हे, सुन्दर !
दर्शन से जीवन पर
बरसे अविनश्वर स्वर ।

परसे ज्यों प्राण,
फूट पड़ा सहज गान,
तान-सुरसरिता बही
तुम्हारे मंगल-पद छूकर ।

उठी है तंरग,
बहा जीवन निस्संग,
चला तुमसे मिलने को
खिलने को फिर-फिर भर-भर ।

1939 ई.

जन-जन के जीवन के सुन्दर

गीत

जन-जन के जीवन के सुन्दर
हे चरणों पर
भाव-भरण भर
दूँ तन-मन-धन न्योछावर कर ।

दाग-दगा की
आग लगा दी
तुमने जो जन-जन की, भड़की;
करूँ आरती मैं जल-जल कर ।

गीत जगा जो
गले लगा लो,
हुआ गैर जो, सहज सगा हो,
करे पार जो है अति दुस्तर ।

1939 ई.

जलाशय के किनारे कुहरी थी

जलाशय के किनारे कुहरी थी,
हरे-नीले पत्तों का घेरा था,
पानी पर आम की डाल आई हुई;

गहरे अंधकार का डेरा था,
किनारे सुनसान थे, जुगनू के
दल दमके—यहाँ-वहाँ चमके,
वन का परिमल लिये मलय बहा,
नारियल के पेड़ हिले क्रम से,
ताड़ खड़े ताक रहे थे सबको,
पपीहा पुकार रहा था छिपा,
स्यार विचरते थे आराम से,
उजाला हो गया और तारा दिपा,
लहरें उठती थीं सरोवर में,
तारा चमकता था अन्तर में।

1943 ई.

धूलि में तुम मुझे भर दो

धूलि में तुम मुझे भर दो।

धूलि-धूसर जो हुए पद
उन्हीं के वर वरण कर दो।

दूर हो अभिमान, संशय,
वर्ण-आश्रम-गत महामय
जाति-जीवन हो निरामय
वह सदाशयता प्रखर दो।

फूल जो तुमने खिलाया,
सदल क्षिति में ला मिलाया,
मरण से जीवन दिलाया
सुकर जो वह मुझे वर दो ।

1940 ई.

देवी सरस्वती

मानव का मन विश्व-जलधि, आत्मा सित शतदल,
विकच दलों पर अधर सुहाये सुघर चरणतल;
वीणा दो हाथों में, दो में पुस्तक, नीरज;
जादू के जीवन के शोभन स्वर जैसे स्रज् ।
नील वसन, शुभ्रतर ज्योति से खिला हुआ तन,
एक तार से मिला चराचर से शाश्वत मन ।
हंस चरण - तल तैर रहा है लघूर्मियों पर
सुनता हुआ तीव्र - मृदु झंकृत वीणा के स्वर ।
साम - गीत गाये आर्यों ने तुम्हें मानकर,
किया समाहित चित्त ज्ञान - धन तुम्हें जानकर,
एक तुम्हारी अर्चा सहज ऋचाओं से की,
चरणों पर पुष्पों की माला की अञ्जलि दी ।
सकल निरंकुश देवी तुम आर्यों की, विमले,
कौन विश्व में जो सकाम जीवन में कम ले ?
शुभ्रे, कुल रंगों की, रागों की, शब्दों की,
नित्य - नवीना हो वन्दित यद्यपि अब्दों की ।

ऋतु के पुष्प भिन्न गन्धों से बसा दिये हैं,
जग के दुख के मुरझाये मुख हँसा दिये हैं ।

तुम वर्षा हो, हार बलाकाओं की पाँतें;
वन की शाखा की पत्रों से टपकी आँखें;
उतराई सरिताएँ; मोर तटों पर नाचे;
गुञ्जित - अलि - कलि - गन्ध छोर अवनी के आँचे;
झूले हँसी - हिंडोले, सावन के, भादों के;
बालाओं ने स्रोत बहाये संगीतों के;
घन - मृदंग - वादन विद्युत के करों निपुणतर;
नृत्य परी का जैसे अर्जुन के अर्जन पर;
जल - तरंग; खग - कुल - कलरव बोल के मधुर स्वर;
दृश्यावली सुघर; दर्शक - दर्शिका मनोहर;
जग के सर से सरस्वती शत - शत रूपों की
निकली क्षिप्र - मन्द - गति, रंकों की, भूपों की ।
बीजों से जैसे अंकुर, अंकुर से पल्लव,
पल्लव से शाखा, शाखा से द्रुम, द्रुम से नव
पुष्प और फल । ऐसे बढ़े धान खेतों में
जल पर हरे रेत जैसे; ज्वारी नेतों में ।
अरहर, काकुन, सावाँ, उड़द और कोदों की
खेती लहराई । बन आई है आमों की ।
निकले कमल सरों में और करँबुए लहरे;
आये खग; ऊँचे - ऊँचे पेड़ों पर ठहरे ।
खेत निराती बालाएँ कर लिए खुरपियाँ,
गातीं बारहमासी, सावन और कजलियाँ ।
जुही मुस्कराई; नागन बलखाई आई
मन्द गन्ध से पुरवाई डस गई सुहाई ।

शरत् पंकजों से, खञ्जन - नयनों से प्रेक्षण,
हरसिंगार के हार विश्व के द्वार प्रतीक्षण,
नमित शालि से भरी हुई, सुन्दर - वन - वसना,
श्वेत - शशिमुखी जगती पर मधुराधर - हसना ।
कृषकों की आशा से, श्रम से, जीवन - सम्बल,
धन से, धारा से, धान्य से, धरा का कृषि - फल ।
सिमटा पानी खेतों का; ओट पर चले हल;
पाँसे खेत किये जो गये जोतकर मखमल ।
डाले बीज चने के, जौ के और मटर के,
गेहूँ के, अलसी - राई - सरसों के, कर से ।
ऐसे बाह - बाह की वीणा बजी सुहाई,
पौधों की रागिनी सजीव सजी सुखदाई,
सुख के आँसू दुखी किसानों की जाया के
भर आये आँखों में खेती की माया से ।
हरी - भरी खेतों की सरस्वती लहराई,
मग्न किसानों के घर उन्मद बजी बधाई ।
खुली चाँदनी में डफ और मजीरे लेकर
बैठे गोल बाँधकर लोग बिछे खेसों पर,
गाने लगे भजन कबीर के, तुलसिदास के,
धनुष - भंग के और राम के वनोवास के ।
कतकी में गंगा नहान की बढ़ी उमंगें,
सजी गाड़ियाँ, चले लोग, मन चढ़ती - चंगें ।
मेले में खेती के कुछ सामान खरीदे,
देखे हाथी - घोड़े - रब्बे, लौटे सीधे ।
कुन्दों के विकास के शुभ्र हास पर उतरी
ओस - विन्दुओं से शीतल हेमन्त की परी,
भू की तुम्हीं हरित नभ पर हो श्वेत मञ्जरी,

मन्द - गन्ध - सञ्चरिता शीता, ऋता, किन्नरीं।
बाग - बाग, वन - वन रन की सुगन्ध - मद पीकर
झूम रही हो हिम - सीकर पल्लव - पल्लव पर
स्निग्ध पवन में; शस्य - शीर्ष से उठी हुई तुम;
मटर - पुष्प के सौरभ - धुन से लुटी हुई तुम;
सरसों के पीले पुष्पों की साड़ी पहने
अलसी के नीले फूलों की रेखा जिसमें।

प्रखर शीत के शर से जग को बेधा तुमने,
हरीतिमा के पत्र - पत्र को छेदा तुमने।
शीर्ण हुई सरिताएँ; साधारण जन ठिठुरे,
रहे घरों में जैसे हों बागों में गिठुरे।
छिना हुआ धन, जिससे आधे नहीं वसन तन,
आग तापकर पार कर रहे हैं गृह - जीवन।
उनको दिखा रही हो, तारे टूट रहे हैं।
पत्रों के डाल के सहारे छूट रहे हैं।
जीवन फिर दूसरा उन्हें पल्लवित करेगा,
किसी अस्त्र से अन्न-वस्त्र के दुःख हरेगा।
जमींदार की बनी, महाजन धनी हुए हैं,
जग के मूर्त पिशाच धूर्तगण गनी हुए हैं।
विश्वरूपिणी तुम हो, तुम्हें मूर्ति में रचकर
पूजा की वसन्त के दिन दीनता - विकच - कर,
गीत और वाद्य से बड़ी सामाजिकता की,
फूलों की अञ्जलि दी, गंगा की सिकता की
वेदी रची; मन्त्र पढ़कर घृत - यव लेकर कर
किया स्वस्त्ययन, हवन, विसर्जन अन्तिम सुन्दर।

नव पल्लवित वसन्त धरा पर आया सुखकर,
फूटीं तुम नव - किसलय - दल से वृन्त - वृन्त पर ।
कूजित पिक - उर - मधुर - कण्ठ; कुण्ठा सब टूटी,
मुक्त समीरण से धीरता धरा की छूटी ।
पके खेत, सोने के जैसे अञ्चल लहरे;
नव मनोज के मनोभाव लोगों में घहरे ।
प्रतिसन्ध्या समवेत हुए ग्रामीण सभ्यजन
ढोलक और मजीरे पर करते हैं गायन ।
फाग हो रहा—उठा रहे हैं धुन धमार की,
होली, चैती, लेज गा रहे हैं सुतार की ।
बौरे आमों की सुगन्ध धरती पर छाई,
नये वर्ष का हर्ष भरा चाँदनी सुहाई ।
रबी कटी, आम के तले खलिहान लगाया,
चना, मटर, जौ, गेहूँ, सरसों कटकर आया ।
पड़ी चारपाई, जिस पर बैठा तकवाहा
चूल्हा वहीं कहीं लगवाया जिसने चाहा
जरा दूर मेड़ के किनारे । जैसे बस्ती
बसी, लगे खलिहान, सुवेशा जैसे मस्ती ।

ग्रीष्म तापमय, लू की लपटों की दोपहरी
झुलसाती किरणों की, वर्षों की आ ठहरी,
तुम हो शीतल कूप - सलिल, जामुन - छाया - तल,
लदे आम के बागों से जीवन का सम्बल ।
गेहूँ, चने, मटर मड़कर घर आये; अतिशय
दिखा ग्राम में जहाँ नहीं साधन या सञ्चय;
नहीं दीक्षा जन - समाज की, नहीं प्रीतिकर
शासन, समाराधना वहीं और भी दुस्तर ।

शहरों की बिजली से झुलसी जनता की रट,
उठते कदमों की, भगती तेजी से सरपट,
रुद्र ताल की, भैरव जैसी, रण की छाया,
नाच रही हो भिन्न जगत् की जैसे काया ।
हर चक्र के विवर्तन से वर्ष का जन्म फल
उगा रहा है गति के क्रम - उपक्रम का शतदल;
ऊपर तुम नीलाम्बर - आभा में सित तन्वी—
सायक चढ़ी हुई हो, जनता का जी धन्वी ।
वाल्मीकि की क्रौञ्च - मिथुन, व्यास का जन्म-फल,
कालिदास की दशा, हर्ष का मर्षण उत्कल;
नवालोक मञ्जुलतर, बकुलों से जैसे तुम
टूटीं शब्द - शब्द पर, छन्द - छन्द पर, कुंकुम
उड़ते हैं पराग, झंकारी अन्तस्तल से
जीवन की वीणा के तारों के मंगल से ।
राग - रंग की रामायण दुख की गाथा से
पूरी हुई, सँभाले जैसे स्वर भाषा के
अधिक मनोहर, वीर - जाति के चित्र सुघरतर
वृहद्रूप से खुले हुए, मृदु - मृदु वल्कल पर
खिली सभ्यता । महाभारतीया कुछ बदली,
जैसे भिन्न रूप की, भिन्न गन्ध की कदली,
सीता और द्रौपदी, अर्जुन और राम से,
एक और बहुपतियों के व्रत और काम से ।
भारत की प्रान्तीय सभ्यता का आलेखन,
राजनीति का जीवन, जगती का सम्मोहन ।
श्री - समृद्धि का कालिदास में अमृतास्वादन,
साहित्यिकता में धार्मिकता का सम्वादन ।
हर्ष प्रौढ़ता की पीढ़ी, कविकम्बु स्वयम्भू,

रामायण के मौलिक, प्राकृत - शम्भु स्वयम्भू—
भिन्न रूप की राम - कथा के कविर्मनीषी,
श्रीतुलसी तक सहस्राब्दि के रविर्मनीषी ।
उसी छन्द में उसी प्रकार किया है अन्तर
तुलसिदास ने महाकाव्य लिखकर मन्वन्तर ।
भक्ति - भावना से रचना आलोक - समन्वित
हुई उसी स्वाधीन चेतना से उत्कल - चित ।
सूरदास के गीत, रसों के स्रोत निरन्तर,
फूटीं सरिताएँ, उमड़ा शशधर से सागर ।
मीरा की मानसी गीतिका सहृदयता की
छवि से भरी हुई, निरवधि कलियों की राखी ।
ज्ञानालोक विकीर्ण हुआ कबीर से, निर्झर
फूटे कितने, ज्ञानदास के, दादू के स्वर ।

तुम्हीं चिरन्तन जीवन की उन्नायक, भविता,
छवि विश्व की मोहिनी, कवि की सनयन कविता ।

1943 ई.

तुलसीदास

बिखरीं छूटीं शफरी - अलकें,
निष्पात नयन - नीरज - पलकें,
भावातुर पृथु उर की छलकें उपशमिता;
निःसम्बल केवल ध्यान - मग्न,

जागी योगिनी अरूप - लग्न,
वह खड़ी शीर्ण प्रिय - भाव - मग्न निरुपमिता ।

कुछ समय अनन्तर, स्थित रहकर,
स्वर्गीयाभा वह स्वरित प्रखर
स्वर में झर - झर जीवन भरकर ज्यों बोली;
अचपल ध्वनि की चमकी चपला,
बल की महिमा बोली अबला,
जागी जल पर कमला, अमला मति डोली—

"धिक ! धाए तुम यों अनाहूत,
धो दिया श्रेष्ठ कुल - धर्म धूत;
राम के नहीं, काम के सूत कहलाए !
हो बिके जहाँ तुम बिना दाम,
वह नहीं और कुछ—हाड़ चाम !
कैसी शिक्षा, कैसे विराम पर आए !"

जागा, जागा संस्कार प्रबल,
रे गया काम तत्क्षण वह जल,
देखा, वामा, वह न थी, अनल - प्रतिमा वह;
इस ओर ज्ञान, उस ओर ज्ञान,
हो गया भस्म वह प्रथम भान,
छूटा जग का जो रहा ध्यान, जड़िमा वह ।

देखा शारदा नील - वसंना,
हैं सम्मुख स्वयं सृष्टि - रशना,
जीवन - समीर - शुचि - निःश्वसना, वरदात्री,

वाणी वह स्वयं सुवादित स्वर,
फूटी तर अमृताक्षर - निर्झर,
यह विश्व हंस, हैं चरण सुघर जिस पर श्री ।

दृष्टि से भारती की बँध कर
कवि उठता हुआ चला ऊपर;
केवल अम्बर—केवल अम्बर फिर देखा;
धूमायमान वह घूर्ण्य प्रसर
धूसर समुद्र शशि - ताराहर,
सूझता नहीं क्या ऊर्ध्व, अधर, क्षर रेखा ।

चमकी तब तक तारा नवीन,
द्युति नील - नील, जिसमें विलीन
हो गईं भारती, रूप - क्षीण महिमा अब;
आभा भी क्रमशः हुई मन्द,
निस्तब्ध व्योम—गति - रहित छन्द;
आनन्द रहा, मिट गये द्वन्द्व, बन्धन सब ।

थे मुँदे नयन, ज्ञानोन्मीलित,
कलि में सौरभ ज्यों, चित में स्थित;
अपनी असीमता में अवसित प्राणाशय;
जिस कलिका में कवि रहा बन्द,
वह आज उसी में खुली मन्द,
भारती रूप में सुरभि - छन्द निष्प्रश्रय ।

जब आया फिर देहात्म - बोध,
बाहर चलने का हुआ शोध

रह निर्विरोध, गति हुई रोध - प्रतिकूला,
खोलती मृदुल दल बन्द सकल
गुदगुदा विपुल धारा अविचल
बह चली सुरभि की ज्यों उत्कल, निःशूला—

बाजीं बहती लहरें कलकल,
जागे भावाकुल शब्दोच्छल,
गूँजा जग का कानन - मंडल, पर्वत - तल;
सूना उर ऋषियों का ऊना
सुनता स्वर, हो हर्षित, दूना,
आसुर भावों से जो भूना, था निश्चल ।

''जागो जागो, आया प्रभात,
बीती वह, बीती अन्ध रात,
झरता भर ज्योतिर्मय प्रपात पूर्वांचल ।
बाँधो, बाँधो किरणें चेतन,
तेजस्वी, हे तमजिज्जीवन;
आती भारत की ज्योतिर्धन महिमाबल ।

''होगा फिर से दुर्धर्ष समर
जड़ से चेतन का निशिवासर;
कवि का प्रति छवि से जीवनहर, जीवन-भर;
भारती इधर, हैं उधर सकल
जड़ जीवन के संचित कौशल;
जय, इधर ईश, हैं उधर सबल माया - कर ।

"हो रहे आज जो खिन्न - खिन्न
छुट - छुटकर दल से भिन्न - भिन्न
यह अकल - कला, गह सकल छिन्न, जोड़ेगी,
रविकर ज्यों विन्दु - विन्दु जीवन
संचित कर करता है वर्षण,
लहरा भव - पादप, मर्षण - मन मोड़ेगी ।

"देश - काल के शर से बिंध कर
यह जागा कवि अशेष - छविधर
इसका स्वर भर भारती मुखर होएँगी;
निश्चेतन, निज तन मिला विकल,
छलका शत - शत कल्मष के छल
बहतीं जो, वे रागिनी सकल सोएँगी ।

"तम के अमार्ज्य रे तार - तार
जो, उन पर पड़ी प्रकाश - धार;
जग - वीणा के स्वर के बहार रे, जागो;
इस कर अपने कारुणिक प्राण
कर लो समक्ष देदीप्यमान—
दे गीत विश्व को रुको, दान फिर माँगो ।"

क्या हुआ कहाँ, कुछ नहीं सुना,
कवि ने निज मन भाव में गुना,
साधना जगी केवल अधुना प्राणों की,
देखा सामने, मूर्ति छल - छल
नयनों में छलक रही अचपल,
उपमिता न हुई समुच्च सकल तानों की ।

जगमग जीवन का अन्त्य भाष—
"जो दिया मुझे तुमने प्रकाश,
अब रहा नहीं लेशावकाश रहने का
मेरा उससे गृह के भीतर;
देखूँगा नहीं कभी फिर कर,
लेता मैं जो वर जीवन - भर बहने का।"

चल मन्द चरण आये बाहर,
उर में परिचित वह मूर्ति सुघर
जागी विश्वाश्रय महिमाधर, फिर देखा—
संकुचित, खोलती श्वेत पटल,
बदली, कमला तिरती सुख जल,
प्राची - दिगन्त - उर में पुष्कल रवि - रेखा।

1938 ई.

सहस्राब्दि

(विक्रमीय प्रथम 1000 संवत्)

विक्रम की सहस्राब्दि का स्वर
कर चुका मुखर
विभिन्न रागिनियों से अम्बर।
आ रही याद
वह उज्जयिनी, वह निरवसाद
प्रतिमा, वह इतिवृत्तात्मकथा,

वह आर्यधर्म, वह शिरोधार्य वैदिक समता,
पाटलीपुत्र की बौद्ध-श्री का अस्त रूप,
वह हुई और भू—हुए जनों के और भूप,
वह नवरत्नों की प्रभा—सभा के सुदृढ़ स्तम्भ,
वह प्रतिभा से दिङ्नाग-दलन,
लेखन में कालिदास के अमला-कला-कलन,
वह महाकाल के मन्दिर में पूजोपचार,
वह शिप्रावात, प्रिया से प्रिय ज्यों चाटुकार ।
आ रही याद
वह विजय शकों से अप्रमाद,
वह महावीर विक्रमादित्य का अभिनन्दन,
वह प्रजाजनों का आवर्तित स्यन्दन-वन्दन,
वे सजी हुई कलशों से अकलुष कामिनियाँ,
करतीं वर्षित लोजों की अञ्जलि भामिनियाँ,
तोरण-तोरण पर
जीवन को यौवन से भर
उठता सस्वर
मालकौश हर
नश्वरता को नवस्वरता दे करता भास्वर
ताल-ताल पर
नागों का वृंहण, अश्वों की ह्रेषा
भर-भर
रथ का घर्घर,
घण्टों की घन-घन
पदातिकों का उन्मद-पद पृथ्वी-मर्दन ।

आ रही याद

तूलिका नारियों के चित्रण की निरपवाद,
ब्राह्मण-प्रतिभा का अप्रतिहत गौरव-विकास,
वर्णाश्रम की नव स्फुरित ज्योति, नूतन विलास,
कामिनी-वेश नव, नवल केश, नव-नव कवरी,
नव-नव बन्धन, नव-नव तरंग, नव-नवल तरी,
नव-नव वाहन-विधि, वाहित वनिता-जन नव-नव,
नव-नव चिन्तन, रचना नव-नव, नव-नव उत्सव,
नूतन कटाक्ष, सम्बोधन नूतन उच्चारण,
नूतन प्रियता की प्रियतमता, ममता नूतन,
संस्कृति नूतन, वस्तु-वास्तु-कौशल-कला नवल,
विज्ञान-शिल्प-साहित्य सकल नूतन-सम्बल,
पाली के प्रबल पराक्रम को संस्कृत-प्रहार,
कालिदास-वररुचि के समलंकृत रुचिर तार ।

कर रहा मनन
मैं शंकर का उत्थान, बौद्ध-धर्म का पतन—
जन-बल-वर्धन के हेतु वाम-पथ का चालन,—
लोगों में भय का कारण, मारण, सम्मोहन,
उच्चाटन, वशीकरण, संकर्षण, संत्रासन,
दिव्य भाव के बदले अदिव्य भाव का ग्रहण,—
फिर बदला ज्यों यह रूप शक्ति के साधन से,
बौद्ध से आर्यरूपता हुई आराधन से,
उस अदिव्यता के अर्थ विरोध कुमारिल का
बौद्धों से हुआ, ताल जो बना एक तिल का,
वे शिष्य हुए शंकर के, शद्ध भाव भरते,
दिग्विजय-अर्थ भारत में साथ भ्रमण करते ।
सुविदित प्रयाग के वे प्रचण्ड पण्डित मण्डन

वामा थीं जिनकी उभय भारती, आलोचन
शंकर से जिनका कामशास्त्र में हुआ, विजित
शंकर हो शिक्षा लेने को लौटे विचलित,
कर पूर्ण अध्ययन राजदेह में कर प्रवेश
त्यागी शरीर को रख निर्मल, आये अशेष
ब्याध को पिता कह द्रुम-पातन की शिक्षा ली,
चढ़ गये पेड़ पर, बैठे, पढ़ा मन्त्र, डाली
झुककर आई आँगन पर, उतरे, फिर बोले—
"जो हारा पहले से क्यों दरवाजा खोले ?"
मध्यस्थ उभय भारती हुईं, शास्त्रालोचन
शंकर से हुआ प्रखर जिसमें, हारे मंडन।
फिर चले छोड़कर गृह-त्याग के विजयध्वज से,
मिल गए ज्ञान की आँखों से नभ से—रज से।

आ रहा याद वह वेदों का उद्धार, ख्यात
वह श्रुतिधरता, ज्ञान की शिखा वह अनिर्वात
निष्कम्प, भाष्य प्रस्थानत्रयी पर, संस्थापन
भारत के चारों ओर मठों का, संज्ञापन,
बौद्धों के दल का जीते ही वह दाहकरण,
जलकर तुषाग्नि में अपना प्रायश्चित्त-वरण
शंकर के शिष्यों का। मुझको आ रही याद
वह अस्थिरता जनता के जीवन की, विषाद
वह बढ़ा पंडितों में जैसे शंकर मत से—
अद्वैत-दार्शनिकता से हुए यथा हत से—
प्रच्छन्न बौद्ध ज्यों कहने लगे, वेदविधि के
कर्मकाण्ड के लोप से दुखी जन वे निधि के
प्रत्याशी, फल के कामी—दुरित-दैन्य दल-मल

चाहते दैव से श्री, शोभा, विभूति, सम्बल ।
ऐसे सांसारिक जनों के लिए ज्यों जीवन
आये रामानुज; गृही चरित का आवर्तन
श्री-सुख से भरकर किया भिन्न दर्शन देकर
रक्खा संश्लेष विशिष्ट नाम रखकर सुन्दर ।

जो वैदिक ज्ञान, तथागत का निर्वाण वही,
जो धरा वही विचार-धारा की रही मही,
देश काल औ' पात्र के भेद से भिन्न वेद
प्रेम जो, हुआ ज्यों वही बदलकर प्रियच्छेद ।
बौद्धों के ही प्रचार का फल मिस्र में फलित—
मूसा की प्रतिभा में बदला वह धर्म कलित,
फिर ईसा में आया कुछ परिवर्तन लेकर,
फिर हुआ मुहम्मद में अवतरित ताल देकर
एक ही भिन्न राग का प्रबल,
फैला कलकल
ज्यों जलोच्छ्वास प्लावन का दसों दिशाएँ भर
भ्रातृभाव का उल्लास प्रखर ।
टूटा भारत का वर्ण-धर्म का बाँध प्रथम
इससे, जो सम थे हुए, हुए वे आज विषम
हारे दाहिर, हर गयीं कुमारी कन्याएँ
सूरज-परिमल, कुल की वे उत्कल धन्याएँ ।
ले साथ मुहम्मद-बिन-कासिम अरब को चला,
है विदित चुकाया कन्याओं ने ज्यों बदला ।

जब टूटा कान्यकुब्ज का वह साम्राज्य विपुल,
छोटे-छोटे राज्यों से हुआ विपत्संकुल

यह देश । उधर अदम्य होकर
बढ़ता ही चला राष्ट्र इस्लामी; वेग प्रखर
पृथ्वी सँभालने में असमर्थ हुई; निश्चय
दुर्दान्त क्षत्रियों से जो था प्राणों में भय
उन इतर प्रजाओं में, छाया उसका तुषार
जो फुल्ल-कमल-कुल पर आ पड़ा, सहस्रवार
नैसर्गिक अम्बर से ज्यों; ज्यों अधिकारि-भेद
चाहती बदलना प्रकृति यहाँ की, समुच्छेद
कर सकल प्राथमिक नियम, निपुण
चाहती सृष्टि नूतन ज्यों, औरों के गिन गुण
अधिकार चाहती हो देना, सुनकर पुकार
प्राणों की, पावन गूँथ हार
अपना पहनाने को अदृश्य प्रिय को सुन्दर,
ऊँचा करने को अपर राग से गाया स्वर ।

1942 ई.

अर्चना

गीत

तिमिरदारण मिहिर दरसो ।
ज्योति के कर अन्ध कारा-
गार जग का सजग परसो ।

खो गया जीवन हमारा,
अन्धता से गत सहारा;
गात के सम्पात पर उत्थान;
देकर प्राण बरसो ।

क्षिप्रतर हो गति हमारी,
खुले प्रति-कलि-कुसुम-क्यारी,
सहज सौरभ से समीरण पर
सहस्रों किरण हरसो ।

17-1-57

* * *

गीत

आज प्रथम गाई पिक पञ्चम ।
गूँजा है मरु विपिन मनोरम ।

मरुत-प्रवाह, कुसुम-तरु फूले,
बौर- बौर पर भौंरे भूले,
पात-गात के प्रमुदित झूले,
छाई सुरभि चतुर्दिक उत्तम ।

आँखों से बरसे ज्योतिःकण,
परसे उन्मन-उन्मन उपवन,
खुला धरा का पराकृष्ट तन,
फूटा ज्ञान गीतमय सत्तम ।

प्रथम वर्ष की पाँख खुली है,

शाख-शाख किसलयों तुली है
एक और माधुरी घुली है,
गीत-गन्ध-रस-वर्णों अनुपम ।

15-1-50

* * *

गीत

बाँधो न नाव इस ठाँव बन्धु !
पूछेगा सारा गाँव, बन्धु !

यह घाट वही जिस पर हँसकर,
वह कभी नहाती थी धँसकर,
आँखें रह जाती थीं फँसकर;
कँपते थे दोनों पाँव, बन्धु !

वह हँसी बहुत कुछ कहती थी,
फिर भी अपने में रहती थी,
सबकी सुनती थी, सहती थी,
देती थी सबके दाँव बन्धु !

23-1-50

* * *

गीत

तरणि तार दो ।
अपर पार को ।

खे-खेकर थके हाथ
कोई भी नहीं साथ
श्री-शीकर, भरा माथ,
बीच-धार, ओ !

पार किया तो कानन,
मुरझाया जो आनन,
आओ हे निर्वारण,
बिपत वार लो ।

पड़ी भँवर-बीच नाव,
भूले हैं सभी दाँव,
रुकता है नहीं राव,
सलिल-सार, ओ !

10-2-50

* * *

गीत

मन मधु बन, आली !
ईरण तन की ज्योति तपन की

गगनघटा काली काली ।

दमकी सौदामिनी ग्राम में,
नूपुर-उर सुरधुनी धाम में,
रसरशना जो बजी नाम में,
यौवनवन वाली बाली ।

सजी सुतनु तिर्यक तप-रेखा,
पंक्ति-पंक्ति पर अविजित लेखा,
झुका दृगों से जिसने देखा,
तन-मन-धन पा-ली ताली ।

1949 ई.

□□□